HOSHIORI 星栞

2023年の星占い

蟹座

石井ゆかり

蟹座のあなたへ
2023年のテーマ・モチーフ
解説

....
モチーフ：いちごのタルト
....

　2023年は非常に忙しい年ですが、その「忙しさ」が常に、すぐ側（そば）にあります。遠く遙かなものを追いかける忙しさというよりは、身近なところにあるもの、既に目の前にあるものに腰を据えて取り組むことが必要な年なのです。「大活躍」の時間ですが、その「活躍」のテーマは既にどっしりと眼前に存在しています。このどっしり感、地に足をつけて闘うイメージから、いちごのタルトを選んでみました。一足飛びにゆくのではなく、一歩一歩王道を進んでいく重厚なスタンスが、2023年のあなたを支えるはずです。

はじめに

こんにちは、石井ゆかりです。

2023年は星占い的に「大物が動く年」です。「大物」とは、動きがゆっくりで一つの星座に長期的に滞在する星のことです。もとい、私が「大物」と呼んでいるだけで、一般的ではないのかもしれません。2023年に動く「大物」は、土星と冥王星です。土星は2020年頃から水瓶座に位置していましたが、2023年3月に魚座に移動します。冥王星は2008年から山羊座に滞在していましたが、同じく2023年3月、水瓶座に足を踏み入れるのです。このように、長期間一つの星座に滞在する星々は、「時代」を描き出します。2020年は世界が「コロナ禍」に陥った劇的な年でしたし、2008年はリーマン・ショックで世界が震撼した年でした。どちらも「それ以前・それ以後」を分けるような重要な出来事が起こった「節目」として記憶されています。

こう書くと、2023年も何かびっくりするような出来事が起こるのでは？と思いたくなります。ただ、既にウクライナの戦争の他、世界各地での民主主義の危機、

世界的な環境変動など、「時代」が変わりつつあること
を意識せざるを得ない事態が起こりつつあります。私
たちは様々な「火種」が爆発寸前の世界で生きている、
と感じざるを得ません。これから起こることは、「誰も
予期しない、びっくりするようなこと」ではなく、既
に私たちのまわりに起こっていることの延長線上で「予
期できること」なのではないでしょうか。

　2023年、幸福の星・木星は牡羊座から牡牛座を運行
します。牡羊座は「はじまり」の星座で、この星座を
支配する火星が2022年の後半からコミュニケーション
の星座・双子座にあります。時代の境目に足を踏み入
れる私たちにとって、この配置は希望の光のように感
じられます。私たちの意志で新しい道を選択すること、
自由のために暴力ではなく議論によって闘うこと、な
どを示唆しているように読めるからです。時代は「受
け止める」だけのものではありません。私たちの意志
や自己主張、対話、選択によって、「作る」べきもので
もあるのだと思います。

《注釈》

◆ 12星座占いの星座の区分け（「3/21〜4/20」など）は、生まれた年によって、境目が異なります。正確な境目が知りたい方は、P.124〜125の「太陽星座早見表」をご覧下さい。または、下記の各モバイルコンテンツで計算することができます。

インターネットで無料で調べることのできるサイトもたくさんありますので、「太陽星座」などのキーワードで検索してみて下さい。

モバイルサイト【石井ゆかりの星読み】（一部有料）
https://star.cocoloni.jp/（スマートフォンのみ）

◆ 本文中に出てくる、星座の分類は下記の通りです。

火の星座：牡羊座・獅子座・射手座　　　地の星座：牡牛座・乙女座・山羊座
風の星座：双子座・天秤座・水瓶座　　　水の星座：蟹座・蠍座・魚座
活動宮：牡羊座・蟹座・天秤座・山羊座
不動宮：牡牛座・獅子座・蠍座・水瓶座
柔軟宮：双子座・乙女座・射手座・魚座

《参考資料》

・『Solar Fire Gold Ver.9』（ソフトウェア）/ Esoteric Technologies Pty Ltd.
・『増補版　21世紀　占星天文暦』/ 魔女の家BOOKS　ニール・F・マイケルセン
・『アメリカ占星学教科書　第一巻』/ 魔女の家BOOKS　M.D.マーチ、J.マクエバーズ
・国立天文台 暦計算室Webサイト

HOSHIORI

蟹座 2023年の星模様

年間占い

❄ 2021年から続く「脱皮」の時間

「外へ、外へ」。2023年の蟹座の意識は、外界へ、未知の世界へと向かいます。

蟹座はどちらかと言えばドメスティックな星座、家庭的な星座と称されることが多いようです。もちろん、蟹座にも世界を股にかけて活躍するような人々がたくさんいて、決して「家の中に閉じこもっている」ということはありません。ですが、どんなに行動的でオープンな蟹座の人でも、心の片隅には「慣れた場所に何度も行くことを好む」「新しい場所や外界には、強い警戒感を抱く」という傾向はあるようです。つまり「家庭が好き」というより、正確には「未知なるものが怖い」のです。

2023年、そうした蟹座的な「安全な殻の中に自分を守る」ようなスタンスは、ひとまず棚に上げることになります。普段は慣れた場所に安住する蟹座の人々は、定期的にその「慣れた場所」の殻を脱ぎ捨てて、大胆に外界へと脱皮します。この「脱皮」のタイミングでは、周囲もびっくりするほどダイナミックな選択をす

る人も多いのですが、2023年の「脱皮」はとりわけ華やかなものになりそうです。

　慣れた場所から未知の世界へと移動していく「脱皮」の動きは、2023年にいきなり始まるものではありません。2021年頃から既にスタートしていて、2023年はその動きにさらにブーストがかかるのです。とはいえ過去3年は「コロナ禍」により、そもそも物理的に「外」に出にくい社会状況にありました。ゆえに「外へ外へ」の動きが2021年からだったと言われても、ぴんとこない人も多いかもしれません。でも、過去2年ほどを振り返ってみれば、関わる相手や普段の活動のスケール、社会や歴史、他者に対する視野などが、ガツンと広がってきたのではないでしょうか。関わったことのない相手に関わり、見知らぬ機関に出向き、「世の中にはこんな世界があるのか」という体験をした人が多いはずなのです。あるいは、これまで外に出にくかった状態から、突然外に出る「カギ」を手に入れるような展開もあったかもしれません。2023年はその「カギ」を使い、いろいろな新しい場に入ってゆくことができる時です。この「新しい場」には、物理的な「場所」はも

ちろん、人々の輪、ネットワーク、チーム、愛の関係なども含まれます。そこには見知らぬ「他者」がたくさんいて、あなたの新しい可能性を見出してくれるはずです。

❄ 5月半ばまでの「大活躍の季節」

2022年5月半ばから2023年5月半ばは、「大活躍の季節」となっています。キャリアアップを経験した人、社会的立場が大きく変わった人、いろいろな意味で「注目」された人もいるでしょう。あるいは子供を育てたり介護を担当したりすることで、「他者に対する社会的責任」が重みを増した人もいるかもしれません。自分以外の人の幸福にコミットする度合いが増すのが、この時間帯なのです。仕事において大きなチャンスを掴んだ人、成果を挙げた人も少なくないはずですが、大事なのは成果そのものではなく、その成果によって起こった立場性の変化です。人から尊敬されたり、信頼されたり、憧れられたりした場合、そのこと自体が一つの「立場」として成立するのです。

また、一つの目標を達成して、「もう、ここでできる

ことは全部やりきった！」という思いを抱く人もいる
かもしれません。その世界を「卒業」し、次の新しい
世界へと歩を進める選択をする人も、少なくないだろ
うと思います。この場合、「卒業と、次の世界への移
動」が起こるのは、2023年前半なのかもしれません。

❋ 「友」との出会い、「夢」との出会い

　2023年5月半ばから2024年5月は、「仲間、友、希
望、未来」の時間となっています。新しい友に出会う
人、新たに追いかけられる夢を見つける人、出会った
仲間と夢を共有する人もいるはずです。たとえば前述
の「大活躍の季節」を終えて、目標達成の後「ここは
卒業し、次の世界に行こう！」と考えた後、新しい仲
間の待つ場所を見出してそこに飛び込んでいく！といっ
た展開になるのかもしれません。

　大人になると、友達を作ることが難しくなる、と言
われます。ですがこの時期は、少々不思議な経緯で、電
撃的に友達ができるかもしれません。あるいはあなた
自身「普段ならしないような行動」を取ることで、友
達を作ることができるのかもしれません。たとえば、普

段人見知りで自分から人に話しかけられないでいる人が、偶然同じ趣味や価値観を持つ人に出会い、なぜか話しかける勇気が湧いてくる、といったことも起こるでしょう。特に、これまで関わったことがないような相手、自分でも意外な相手と、友情を結べそうです。その関わりを通して、新しい自分を発見できるかもしれません。

　社会を捉える視野が大きく広がる時期でもあります。「社会人になる」と言えば日本では「学校を卒業し、職に就くこと」を意味する傾向がありますが、それ以前に、私たちは個人として「社会の一員」としての責任を引き受けています。また、現在の日本の社会では、職業上の責任は非常に重視されますが、一市民としての責任は「ルールやマナーを守る」程度のことしか話題に上らないようです。でも、本当はそれ以上の「人としての責任」が求められるものなのではないかという気がします。たとえば、理不尽な制度や弱い立場にある人々の窮状から目を背けないこと、自分自身が社会的な力に傷つけられた時、それをどう扱うか考えること。「自分より若い人や後輩たち、子供たちが、同じ苦

しみを味わわなくて済むように」という考えも「一人の社会人としての責任」に繋がります。2023年半ば以降の蟹座の人々は、そうした広い視野に立って行動を起こすことになるのかもしれません。同時代を生きる人々や、自分の後から来る子供たちもまた、広い意味では「仲間」なのだと思います。その「仲間」たちの幸福を我がこととして考えることが、2023年半ば以降のミッションなのかもしれません。

❋ 未知の世界へ、コツコツ歩み入る

「見知らぬもの・未知の世界」への警戒心が強い蟹座の人々ですが、2023年からはその警戒心を克服する試みを始める人も多そうです。苦手意識を持っていたこと、「自分は関わりたくない」と思っていた世界に、敢えて足を踏み入れる人もいるはずです。

あるいは2021年頃から楽しみながら学んでいたことに、2023年以降「本格的に取り組む」ことになるかもしれません。遊び半分でやっていた時はただ面白かったのに、本格的に取り組み始めたらその難しさ、道の険しさにびっくりする、といった展開も考えられます。

ただ、それは「最初の数歩」だけのことです。先に進めば進むほど、その世界の広さに感動し、「もっと頑張ってみたい」という積極的な意欲が湧いてくるでしょう。2023年にスタートさせた勉強や訓練、知的な試みは、「コツコツ続けて、数年かけてモノにできる」傾向があります。最初の段階で「これは難しい！　自分にはムリかも！」と感じても、諦める必要は全くありません。焦らず、人と比べず、ひたむきに一歩一歩進んでみたい時です。

✻ ガマンの「解除」

　これまでストイックに節制したり、何かを欲することをガマンしたりしてきた人は、2023年の早い段階でその「禁欲」を一転して「解禁」することになるかもしれません。「解禁」は物欲に留まりません。食欲や所有欲、支配欲、自己顕示欲、依頼心、性欲その他諸々の欲が当てはまります。これまで自分が何をガマンしてきたかが自覚できているなら、「解禁」も比較的スムーズに進むでしょう。一方、自覚せずに自分で自分を抑圧したり、縛ったりし続けてきた人は、突然水風船

が弾けるように、抑え込んできた欲望が「爆発」する
かもしれません。「自分さえガマンすれば良い」という
考え方は、危険をはらんでいます。自分が何を欲し、何
を耐えているのか、年の始まりにでも一度、自問して
おきたいところです。

❇ 「隠れた敵」との闘い

　2022年8月下旬から2023年3月にかけて「隠れた敵
との闘い」の時間となっています。「隠れた敵」は文字
通り、陰から妨害してくるような「誰か」なのかもし
れません。たとえば家族の誰かから強い精神的な抑圧
を受けていたことに気づき、その状態から脱出する、と
いったこともできる時です。あるいは「隠れた敵」は
「もう一人の自分」の可能性もあります。根深いコンプ
レックスや無用の罪悪感、自分を責める癖、認知の歪
み、嫉妬や劣等感や優越感など、不幸な行動パターン
を生み出す様々な心理的問題を、この時期根っこから
掘り出し、徹底的に闘って克服することができるのか
もしれません。「なぜいつも同じ、嫌なパターンになる
のか」という悩みを持つ人は、そのパターンに終止符

を打てます。

こうした「隠れた敵との闘い」は、2022年5月からの「大活躍、キャリアアップ、社会的ポジションの変化」の流れと繋がっているかもしれません。たとえば、新たな仕事や対外的活動、他者へのコミットの体験を通して、自分の過去の考え方の誤りに気づき、心が解放される、といった展開も考えられます。外界や他者に向かう熱い奮戦が、心の中の深い問題の解決にも繋がる可能性があるのです。

｛ 仕事・目標への挑戦／知的活動 ｝

華やかなキャリアアップの時間帯です。特に5月半ばまでは、大チャンスが巡ってきそうですし、抜擢や昇進など、嬉しい変化が起こりやすい時です。長い間の目標を達成する人もいるでしょう。2010年頃にスタートさせたことが、ここで一つ上のステージに進む可能性もあります。また、全く新しい世界に足を踏み入れる人、独立する人もいるはずです。いずれにせよ、この時期の変化はとても発展的です。

5月以降は新たな仲間に恵まれる時間となっていま

す。新しいチームを結成したり、取引先が大きく変わって人脈が一気に増えたりと、広がりのある展開が期待できます。慣れた人間関係の中に閉じこもらず、外に出てみたい時です。「異業種交流」のように、閉じた世界の外側の空気を吸うことに意義のある時期です。

　勉強や研究活動、発信活動など、知的な活動については「時間をかけてコツコツがんばる」ことが求められそうです。高い高い山の頂上を目指して最初の一歩を踏み出すようなタイミングと言えます。「自分にはムリかもしれない」と思えるような難しい分野でも、ここからスタートさせたことは意外に長続きします。簡単にモノになるようなことより、難しそうなことのほうが意欲的になれるはずです。

　年明けから5月までは、とにかく忙しくなるでしょう。ガンガン挑戦できる時です。さらに11月半ばから年末にかけて、重要な役割を引き受けることになりそうです。勉強や知的活動には、3月頃にスイッチが入ります。7月から9月は集中的に学べそうです。

｛ 人間関係 ｝

　2023年5月から2024年5月は「友・仲間に恵まれる」時間です。公私ともに素敵な出会いがあるでしょう。また、古い人間関係が復活するかもしれません。

　2018年頃から「仲間から離れている」人が少なくないかもしれません。仲違いをしたとかではないけれど、なんとなく距離ができている人、みんなと動くより単独で動くことを選びがちになっている人もいるはずです。こうした不思議な「分離」の感覚が、2023年は緩むかもしれません。かつてとは違った形で、新しい仲間に出会ったり、新たな関わり方を学んだりできる年なのです。2023年から2024年前半の出会いを通して、「なぜ2018年頃から、自分は仲間と距離を取っていたのか」というその理由を発見する人もいそうです。

　2008年頃から、誰かとの一対一の関係の中で、なんらかの強烈な「縛り」を感じてきた人もいるのではないかと思います。特に経済関係や立場性など、なんらかの非対称な力関係のもとに身動きが取れないような状態にあった人は、2023年から2024年の中で、その状態から脱出できそうです。「縛り・支配」がほどける

時なのです。あるいは、共依存などの心情的呪縛から解き放たれる人もいるでしょう。「自分が好きでやっているのだ」と信じていた関わりが、実はそうではなかったと気づき、脱出を始める人もいるかもしれません。

{ お金・経済活動 }

2023年は、経済活動が大きく進展します。平たく言って「金運の良い年」です。特に、2020年頃から経済的不安を抱えている人は、その不安が解消するでしょう。収入が増えたり、臨時収入が入ったり、大きな買い物で大満足できたりする年です。ですがその一方で、「欲望」が膨らむ年でもあり、「入ってくる以上に出てゆくものが多い」という展開になる可能性も。

{ 健康・生活 }

概ね安定的な年ですが、年の前半はとにかく忙しくなるので、ワーカホリックからの過労には注意が必要です。また、6月から10月上旬は美食に走る傾向が。暴飲暴食からの体重増加に気をつけたい時です。

◉ 2023年の流星群 ◉

「流れ星」は、星占い的にはあまり重視されません。古来、流星は「天候の一部」と考えられたからです。とはいえ流れ星を見ると、何かドキドキしますね。私は、流れ星は「星のお守り」のようなものだと感じています。2023年、見やすそうな流星群をご紹介します。

4月22・23日頃／4月こと座流星群
例年、流星の数はそれほど多くはありませんが、2023年は月明かりがなく、好条件です。

8月13日頃／ペルセウス座流星群
7月半ばから8月下旬まで楽しめます。三大流星群の一つで、条件がよければ1時間あたり数十個見られることも。8月13日頃の極大期は月明かりがなく、土星や木星が昇る姿も楽しめます。

10月21日頃／オリオン座流星群
真夜中過ぎ、月が沈みます。土星、木星の競演も。

12月14日頃／ふたご座流星群
三大流星群の一つで、多ければ1時間あたり100個程度もの流れ星が見られます。2023年の極大期は月明かりがなく、こちらも好条件です。

HOSHIORI

蟹座 2023年の愛

年間恋愛占い

♥ 鎖ではなく、翼でつながる

　人間同士の繋がりは、不思議なものです。お互いの幸福を心から願っているのになぜか傷つけ合ってしまうことがあります。一方、なんとも思っていないはずの相手がいざ離れていこうとする時、突然自分の中に熱い思いがあったことを自覚することもあります。相手に深く怒りながら愛していたり、何の問題もない相手に静かな恨みを抱いていたり。距離が近ければ近いほど、関わりが長ければ長いほど、互いに抱く感情は複雑で、根深くて、濃密なものになります。2008年頃から、蟹座の人は大切な相手との関係において、あるいは「まだ見ぬ相手との関係に求めるもの」に関して、かなり特異な感情を生きてきたのではないかと思います。特にそこには、鎖で縛り合うような力、あるいは一方を他方の人生に吸収しようとするような力が働いていたようです。2023年から2024年、そうした強烈な力が、ほどけていきます。そして、その力があなたをどのように変えたか、あなたにどんな生命力を授けてくれたかが、だんだんわかってきます。この、長い

時間をかけた深い人間的変容は、もはや「いいこと・わるいこと」のような表層的な言葉では語れない何事かです。2008年から起こった出来事を振り返り、今の愛の関わりを見つめ直す時、あなたと相手だけに、そのことの意味がわかるのだろうと思います。

﹛ パートナーを探している人・結婚を望んでいる人 ﹜

　「タクシーを拾おうと探している時は一台も通らなかったのに、諦めて歩き出したら空車が来た」という話があります。もしあなたが2008年以降、必死にパートナーを探していて、現実的なアクションもさんざん試みたのに、何人に会ってもちっともパートナーを見つけられない！という状態になっていたなら、もしかすると今年から来年にかけて、相手が見つかる可能性があります。なぜなら、「パートナーを探さなければ！」という切迫した強い内的要求が、今年から薄らぎ始めるからです。中には過去数年を振り返り、「なぜあんなに結婚に焦って、必死になっていたのだろう？」と、自分の気持ちが不思議に感じられる人もいるかもしれません。なんらかの執着や呪縛が解け始め、そこでパッ

と目に飛び込んできた人がパートナーになる、といった展開が、大いにあり得るタイミングです。

　もちろんこれは「現実的に、パートナーを探すアクションをやめてしまえば良い」というわけではありません。ただ、これまである種の強迫観念的な気持ちで相手を探していたなら、今年からはもう少し爽やかな、フラットな気持ちで相手を探せるようになり、視野が広がった結果、相手が見つかる、という流れが考えられるのです。あるいは逆に、これまで全くパートナーが欲しいと思わなかったのに、今年から「ちょっと探してみようかな」という気持ちになる人もいるかもしれません。これまで内側に秘められていた欲求や関心が、ふわりと表に湧き上がってくるのです。この場合も、少し行動に移しただけで、すうっとパートナーに出会える可能性があります。

〔 パートナーシップについて 〕

　全体に、とても前向きな変化が感じられる年です。まず、パートナーが経済的な、または身体的な悩みを抱えていたなら、2023年はその悩みが解消する年となり

そうです。パートナーの悩みが消えることで、あなた自身の心配の種が小さくなると同時に、心を通わせやすくなるでしょう。パートナーシップにおいて支配関係や共依存、息苦しさなど、歪んだ癒着のような状態が生じていたなら、その状態を解消する方向性が見えてきます。「呪いが解ける」ような体験をする人もいるかもしれません。たとえば、パートナーシップにおいて、どちらかがステップアップした時に、もう一方が焦りや嫉妬、劣等感などに苦しむ場合があるものです。もしあなたやパートナーがそうしたネガティブな思いに囚われることがあったなら、そうした感情から自由になる道を見つけられそうです。

｛ 片思い中の人・愛の悩みを抱えている人 ｝

　片思い中の人は、3月頃までに「自分自身と闘って勝つ」ことができるかもしれません。思いを抑え込んでいるその「フタ」と格闘し、前に進む勇気を持てそうです。愛の悩みを抱えている人も、3月までの「問題解決」の熱い流れの中で、悩みから脱出できるかもしれません。また、2008年以降に根深い愛の鎖に絡め

取られたような状態にあったなら、その鎖からなんらかの形で脱出できるのが、この2023年から2024年です。

｛ 家族・子育てについて ｝

8月末から10月半ばにかけて、「居場所が動く」時期となっています。家族構成の変化や引っ越しなどが起こりやすいでしょう。また、年を通して親戚縁者との関わりを持つ機会が増えそうです。自分が引き受けられることとそうでないことの線引きをクリアにしたい時です。子育てについては、10月から12月に熱い動きがありそうです。一緒に汗を流したり、熱い感情を共有したりする体験を通して、ともに成長できそうです。

｛ 2023年 愛のターニングポイント ｝

愛の追い風が強まるのが、1月上旬、1月末から2月中旬、5月半ばから6月上旬、10月半ばから11月です。また、5月前半は少々不思議な経緯での出会いの気配があります。

HOSHIORI

蟹座 2023年の薬箱

もしも悩みを抱えたら

❈2023年の薬箱 〜もしも悩みを抱えたら〜

誰でも日々の生活の中で、迷いや悩みを抱くことがあります。2023年のあなたがもし、悩みに出会ったなら、その悩みの方向性や出口がどのあたりにあるのか、そのヒントをいくつか、考えてみたいと思います。

◈知的コンプレックスを、コツコツ越えていく

「知性」にまつわる不安が強まるかもしれません。学歴コンプレックスや自分の知力、スキル不足への不安に苛(さいな)まれるようなことがありそうです。「知らない」ことへの不安から引っ込み思案になってしまったり、既知の世界に閉じこもって心を閉ざしたりする人もいそうです。また、言わば「転校生」のような状況に置かれる人もいるようです。全くの別世界で学ぶことを強いられ、孤独感やカルチャーショックに苛まれる可能性があります。こうした「知らない」ことから来る辛さは、「少しずつ学び、知っていく」ことで解消するしかありません。一気に全てを知ることはできないので、毎日コツコツ学び、自分にできる試みを重ねていくこ

とが大事です。不安から「短期的に飛躍的成果を挙げる」ことを求めてしまうと、結果的に遠回りになります。「師」の言葉を虚心に聞くこと、先達に教えを請うことも大事です。「自分は初心者だ」というスタンスに立つと、気持ちが軽くなるでしょう。2026年頃までには、この不安感は解消されます。少しずつ前進を。

◆「臭い物に蓋」のフタを取る

　2022年8月頃から「隠れた敵と闘う」状態が続いているかもしれません。内なるコンプレックスとの闘い、第三者からは見えないところでの問題解決への取り組みが進む中、孤独感も強まっているかもしれませんが、この状況は遅くとも3月いっぱいで収束します。普段目を向けていないこと、気になっていてもやらずにいたことに、積極的に目を向け、手をかけることで、気持ちが明るく、軽くなります。「臭い物に蓋」をしがちな人ほど、そのフタを取る勇気を持って。

2023年のプチ占い（牡羊座〜乙女座）

牡羊座（3/21-4/20生まれ）

年の前半は「約12年に一度のターニングポイント」のまっただ中。新しい世界に飛び込んでいく人、大チャレンジをする人も。6月から10月上旬は「愛の時間」に突入する。フレッシュで楽しい年に。

牡牛座（4/21-5/21生まれ）

仕事や社会的立場にまつわる重圧から解放された後、「約12年に一度のターニングポイント」に入る。何でもありの、自由な1年になりそう。家族愛に恵まれる。「居場所」が美しくゆたかになる年。

双子座（5/22-6/22生まれ）

2022年8月からの「勝負」は3月まで続く。未来へのチケットを手に入れるための熱い闘い。仲間に恵まれる。さらに2026年にかけて社会的に「高い山に登る」プロセスに入る。千里の道も一歩から。

蟹座（6/23-7/23生まれ）

5月までは「大活躍の時間」が続く。社会的立場が大きく変わる人、「ブレイク」を果たす人も。年の後半は交友関係が膨らみ、行動範囲が広がる。未来への新たなビジョン。経済的に嬉しい追い風が吹く。

獅子座（7/24-8/23生まれ）

年の前半は「冒険と学びの時間」の中にある。未知の世界に旅する人、集中的に学ぶ人も。6月から10月上旬まで「キラキラの愛と楽しみの時間」へ。嬉しいことがたくさん起こりそう。人に恵まれる。

乙女座（8/24-9/23生まれ）

年の前半は「大切な人のために勝負する」時間となる。挑戦の後、素晴らしい戦利品を手にできる。年の後半は未知の世界に飛び出していくことになりそう。旅行、長期の移動、新しい学びの季節へ。

（※天秤座〜魚座はP96）

HOSHIORI

蟹座 2023年 毎月の星模様

月間占い

◆星座と天体の記号

　「毎月の星模様」では、簡単なホロスコープの図を掲載していますが、各種の記号の意味は、以下の通りです。基本的に西洋占星術で用いる一般的な記号をそのまま用いていますが、新月と満月は、本書オリジナルの表記です（一般的な表記では、月は白い三日月で示し、新月や満月を特別な記号で示すことはありません）。

♈：牡羊座	♉：牡牛座	♊：双子座
♋：蟹座	♌：獅子座	♍：乙女座
♎：天秤座	♏：蠍座	♐：射手座
♑：山羊座	♒：水瓶座	♓：魚座
⊙：太陽	●：新月	○：満月
☿：水星	♀：金星	♂：火星
♃：木星	♄：土星	♅：天王星
♆：海王星	♇：冥王星	
℞：逆行	Ð：順行	

◆ 月間占いのマーク

　また、「毎月の星模様」には、6種類のマークを添えてあります。マークの個数は「強度・ハデさ・動きの振り幅の大きさ」などのイメージを表現しています。マークの示す意味合いは、以下の通りです。

　マークが少ないと「運が悪い」ということではありません。言わば「追い風の風速計」のようなイメージで捉えて頂ければと思います。

★　　特別なこと、大事なこと、全般的なこと

✊　　情熱、エネルギー、闘い、挑戦にまつわること

🏠　　家族、居場所、身近な人との関係にまつわること

¥　　経済的なこと、物質的なこと、ビジネスにおける利益

✎　　仕事、勉強、日々のタスク、忙しさなど

♥　　恋愛、好きなこと、楽しいこと、趣味など

MONTHLY
HOROSCOPE

1

JANUARY

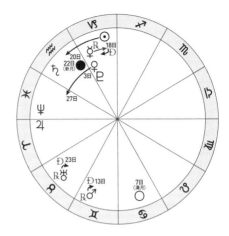

◇ **結びつきが復活する。** ★彡★彡

懐かしい人との「再会」の気配が濃厚です。疎遠だった人との
繋がりが回復したり、長らくの誤解が解けたりするような展開
もありそうです。人知れず頑張っていることについて行き詰ま
りを感じていたなら、13日を境に光が見えてくるかもしれませ
ん。スランプから一気に脱出する人もいそうです。

◇ **提案から提案へ、飛び石を進む。**

面白いオファーや提案が寄せられそうです。相手があなたのた
めに、「これは、あなたにぴったりだと思います！」と猛烈にプ
ッシュしてくれるかもしれません。気軽に引き受けたことが、意
外にもその先のとても斬新な展開に繋がります。たとえば、こ

こで引き受けて取り組んだ活動を意外な人が見ていてくれて、さらにスケールの大きなオファーが舞い込む、といったストーリーも考えられます。いろいろな人の手を取りながら進むうちに意外な場所に出る、という気配があるのです。

◈努力の成果が「化ける」可能性が。　　★彡★★彡

7日前後、ずっと頑張ってきたことが認められるような、素敵なタイミングが巡ってきます。努力が実を結び、さらにその「果実」が、いい意味で「大化けする」かもしれません。

♥理屈や常識に囚われない目を持つ。　　　　♥

愛は理屈で割り切れないものですが、この時期は特にその傾向が強まります。普段理詰めで考えがちな人ほど、この時期はひとまず理屈を棚に上げて、感情の流れやこれまでの関わりの深さ、自分の本当の気持ちなどを掘り下げたいところです。とても官能的な時期でもあります。愛を探している人は、普段目を向けないような場所に、縁が見つかる気配が。

》》》 1月 全体の星模様 《

年末から逆行中の水星が、18日に順行に戻ります。月の上旬から半ば過ぎまでは、物事の展開がスローペースになりそうです。一方、10月末から双子座で逆行していた火星は、13日に順行に転じます。この間モタモタと混乱していた「勝負」は、13日を境に前進し始めるでしょう。この「勝負」は去年8月末からのプロセスですが、3月に向けて一気にラストスパートに入ります。

MONTHLY
HOROSCOPE

2

FEBRUARY

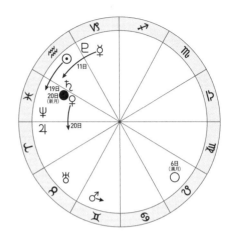

◆ **遠くから素敵なものが来る。** ★彡★彡

遠出を楽しめそうです。また、遠くから朗報が届いたり、遠く
から素敵な人が訪ねてきてくれたりするかもしれません。距離
を越えて「いいもの」を受け取れる時なのです。2021年頃から
断続的に学んできたことがある人は、この時期にその分野で素
敵なチャンスが巡ってくるかもしれません。

◆ **遠慮なくボールを投げかける。**

上旬は、誰かと本音でガンガンやり合うような場面があるかも
しれません。相手の本当のニーズを捉えるために、いろいろ質
問するような展開も。突っ込んだ話ができる時です。

◇**オファーは、詳細を丁寧に確認する。**

中旬以降は、経済活動において、いくつか確認すべきことがあるようです。普段「お任せ」にしているようなことでも、敢えて細かくチェックするなど、特別なアクションが必要になります。また、1月に引き続き様々な依頼や提案が来る気配がありますが、この時期は「内容を深く理解する」ことがとても大事です。契約書などはしっかり読み込んで。

♥**教え合うこと、協力し合うこと。**

上旬から中旬は一緒に旅行するなど、普段とは違った世界に足を運ぶことで、お互いをより深く知ることができそうです。また、「一緒に学ぶ」こともとても役に立ちます。愛を探している人は、遠出した先で愛に出会えるかもしれません。また、相手の詳しい分野について教えてもらったり、逆に自分が「先生」のような役割を担ったりするところから、愛が芽生える可能性もあります。月の下旬以降は、職場や普段の活動の場で協力し合った相手と一気に愛が進展する気配が。

》》 **2月 全体の星模様** 《

金星が魚座、水星が水瓶座を運行します。両方とも「機嫌のいい」配置で、愛やコミュニケーションがストレートに進展しそうです。6日の獅子座の満月は天王星とスクエア、破壊力抜群です。変わりそうもないものが一気に変わる時です。20日は魚座で新月が起こり、同日金星が牡羊座に移動、木星と同座します。2023年前半のメインテーマに、明るいスイッチが入ります。

3

MARCH

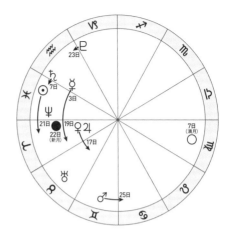

◆**明るく楽しく活動できる。**

華やかな活躍期です。いろいろな方面から引っ張りだこになり、
ほめられたり、注目されたりと、目立つ立場に立つ機会が増え
そうです。「人気者」になる人も。あるいは逆に、普段の活動が
かなり「ゆるく」なる向きもあるかもしれません。どちらも、無
理に「厳しく引き締める」必要はなさそうです。

◆**難しいテーマに取り組む。**

難しい話や、簡単に解けない問題に、時間をかけて取り組める
時です。コミュニケーションにおいても、時間をかけて話し合
い、時には勉強しながら話さなければならないようなテーマが
出てきそうです。回転の速さより、考えの深さや知的な慎重さ、

真面目に取り組む姿勢の表明が求められる時です。ここから勉強を始める人も多いでしょう。コツコツ積み重ねて、数年かけて大きな成果を挙げられそうです。

◆月末、「熱い勝負の時間」の到来。

25日に闘いの星・火星があなたの星座に入ります。ここから5月にまたがって、熱い闘いが続くでしょう。仕事などでこれ以降、「一か八か、勝負をかける」人も多いはずです。

♥入れなかった場所に、入れるようになる。

普段、心の中に渦巻いていた「扱いにくい気持ち」が、扱える形になって表面化するかもしれません。水浸しの道を歩くためのゴム長靴を手に入れるような、「これまでは入れなかった情熱の世界に、自由に入れるようになる」という変化が起こるかもしれません。これまで固く否定したり、背を向けたりしていた思いに、ここで向き合えるようになる人も。特に月末以降、愛についてぐんと動きやすくなりそうです。

》》3月 全体の星模様 《

今年の中で最も重要な転換点です。土星が水瓶座から魚座へ、冥王星が山羊座から水瓶座へと移動します。冥王星は6月に一旦山羊座に戻りますが、今月が「終わりの始まり」です。多くの人が長期的なテーマの転換を経験するでしょう。去年8月下旬から双子座に滞在していた火星も冥王星の翌々日25日に蟹座に抜けます。この月末は、熱い時代の節目となりそうです。

MONTHLY
HOROSCOPE

4

APRIL

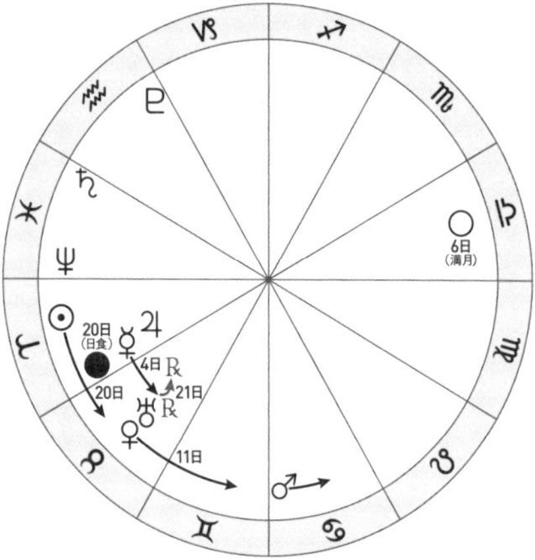

◈大挑戦のクライマックス。

熱い勝負の時間に入っています。2023年前半は「挑戦と活躍」の時間帯ですが、その最も熱いピークがここに置かれています。非常に忙しくなりますし、新しいことにガンガン着手できそうです。特に20日前後、特別なミッションを引き受けることになるかもしれません。自分との闘いの時間です。

◈人に優しくしようとする意志。

表立ってガンガンチャレンジしていく時期だからこそ、周囲のサポートに「救われる」面もありそうです。人から優しくしてもらえますし、自分からも、人に親切にしたいと思える時です。第三者からは見えないところで、誰かを個人的にガッチリと「救

う」ことができるかもしれません。人からどう見えるかではな
く、自分自身の価値観を大事にしたい時です。

◈ 意外な関わりの復活。

交友関係が「復活する」時期です。懐かしい仲間との交流が生
まれ、かつてのチームを「再結成」する人もいそうです。

♥ 愛も「熱い」時間帯。

愛にもとても積極的になれそうです。普段とは少し違ったアプ
ローチを試みることができるでしょう。愛を探している人は「普
段は行かないような場所」に愛の芽が見つかりやすいかもしれ
ません。また、誰かが困っているところを助けたり、自分のピン
チに手を差し伸べてくれる人がいたり、といったシチュエー
ションから愛が芽生える可能性も。人への優しさを大切に。一
方、非常に多忙な時期なので、カップルは相手へのケアが滞り
がちになるかもしれません。意識的に、相手への思いやりを行
動で表したい時です。

》 4月 全体の星模様 《

昨年8月下旬から火星が位置した双子座に11日、金星が入ります。
さらに水星は21日からの逆行に向けて減速しており、「去年後半
から3月までガンガン勝負していたテーマに、ふんわりとおだや
かな時間がやってくる」ことになりそうです。半年以上の激闘を
労うような、優しい時間です。20日、木星が位置する牡羊座で日
食が起こります。特別なスタートラインです。

MONTHLY HOROSCOPE

5 MAY

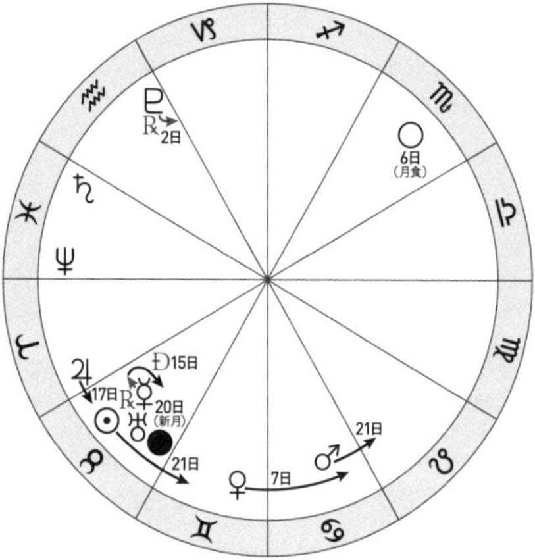

◈自ら動ける、アクティブで楽しい時間。

愛と情熱の季節です。胸が高鳴るような出来事がたくさん起こりそうです。フレッシュな活力が湧いてきますし、なにかと欲張りたくなるでしょう。「これだ！」と思うことを見つけて、即動き出せます。誰かが何かしてくれるのを待っているような受動的な雰囲気は、少しもありません。熱くなれます。

◈キャリアの一大転機が一段落。

2022年5月頃からキャリアの転換期に入り、嵐のような多忙さの中にあった人が少なくないはずです。その多忙期が17日に収束します。一大チャレンジに挑んできた人、重責を担ってもがき続けてきた人も、このあたりでプレッシャーから解放され、ホ

ッとひと息つけるでしょう。かつてより一段階高い場所に登った自分を実感できそうです。

◇月の下旬はほんわか楽しい。

3月末から熱い勝負の時間が続いています。自分自身との闘いを続けてきた人、誰かとの間で摩擦や衝突が続いていた人も、21日には収束します。下旬はほんわかできそうです。

♥勇敢で華やかな愛の季節。

素晴らしい愛の季節です。2023年の中で、最も強い追い風が吹きます。あなたの活き活きした魅力が注目され、ほめられたり誘われたりと、嬉しいことが増えるでしょう。自分からも積極的にアプローチする勇気が湧いてきます。フリーの人は玉石混淆（ぎょくせきこん）の中から、素敵な愛の芽を見つけられるでしょう。カップルは自分から愛情表現して、愛が進展する時です。6日前後、愛について奇跡を感じるような、嬉しい出来事が起こるかもしれません。勇気と行動力が物を言います。

》》5月 全体の星模様 《《

3月に次いで、節目感の強い月です。まず6日、蠍座で月食が起こります。天王星と180度、この日の前後にかなりインパクトの強い変化が起こるかもしれません。15日に逆行中の水星が順行へ、17日に木星が牡羊座から牡牛座に移動します。これも非常に強い「節目」の動きです。約1年の流れがパッと変わります。21日、火星と太陽が星座を移動し、全体にスピード感が増します。

MONTHLY
HOROSCOPE

6

JUNE

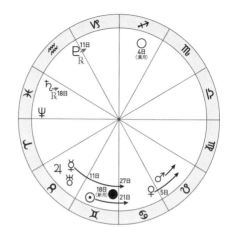

◆闘いを終えて、ひと息つける。

3月末頃からの熱い「勝負の季節」から抜け出し、ホッとひと
息つけそうです。この6月はどこか「台風の目」のような雰囲
気があり、これまでバタバタしていた間にできなかったことを
きちんと片づけて、気持ちを落ち着けられそうです。一方、人
間関係は活発です。遠方から不思議な来客の気配も。

◆経済活動に熱い勢いが出る。

経済活動が一気に盛り上がります。欲しいものを手に入れるた
め、収入を拡大するために、精力的にアクションを起こせるで
しょう。世の中には、自分のためだけの利益を追求する人もい
ないではありませんが、一般には大切な人や関係している人々

44

を思いながら稼ぎ、収穫している人のほうがずっと多いだろうと思います。「みんなのために」欲しいものを、この時期普段よりも大きなスケールで入手できそうです。

◈知的な思考で、悩みの出口を探る。　　　　★彡

一人で密かに抱えていた悩みがある人は、この時期その悩みをクリアに整理し、解決への道筋をつけられそうです。

♥同じテーマを、新しい眼差しで捉え直す。　　　♥

5日まで、キラキラの愛の時間が続いています。誰かと不思議な経緯で心が通じ合うような出来事も起こりそうです。距離が離れているほうが、気持ちが近く感じられるかもしれません。11日を境に、流れが少々逆戻りする観があるかもしれません。3月末に一段落した話がここで「蒸し返される」可能性があります。ただ、そのテーマの捉え方は、以前とは全く違っているはずです。後ろ向きな部分や抑圧的な部分が整理されて、より伸びやかに、生産的に話を進められそうです。

≫ 6月 全体の星模様 ≪

火星と金星が獅子座に同座し、熱量が増します。特に3月末から蟹座にあった火星はくすぶっているような状態にあったので、6月に入ると雨が上がってからっと晴れ上がるような爽快さが感じられるかもしれません。牡牛座に入った木星は魚座の土星と60度を組み、長期的な物事を地に足をつけて考え、軌道に乗せるような流れが生まれます。全体に安定感のある月です。

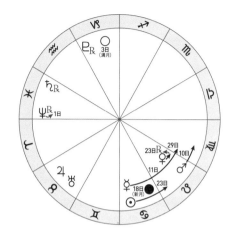

◆**中旬以降、行動のスケールが拡大する。**

上旬までは少し落ち着かないような、まとまりのない雰囲気が
続くかもしれませんが、中旬に入ると一気に動きの焦点が絞ら
れ、加速し始めます。周囲の人々の声もよく聞こえるようにな
りますし、自分が何を考え、何を伝えるべきかがクリアになり
ます。行動のスケールが一気に広がりそうです。

◆**経済活動に吹く、安定的な上昇気流。** 💴💴💴

先月から盛り上がっている経済活動の波が、上旬を過ぎると少
し落ち着きつつ、安定的に活性化し続けます。この「経済活動
の安定的活性」は10月上旬まで続く、長丁場のプロセスです。
大きな買い物のために情報収集したり、収入と支出の流れを整

理したりしながら、財を増やせそうです。また、物事を「味わう」ことにも意識が向かいます。

◈ 重要なスタートライン。　　　　　　　　　★彡★彡

18日前後、新たなスタートを切る人が少なくないでしょう。いろいろな人を巻き込み、広い世界に飛び込める時です。

♥ 待ってくれていた、という事実。　　　　　　　　　♥

「今だからわかること」に基づいて、自分から新たなボールを投げかけることができる時です。たとえば、相手に対する思い込みや誤解が解けて、謝れるようになるのかもしれません。あるいは、相手が語り続けていた言葉の意味がわかって、やっと適切な返事ができるようになるのかもしれません。自分の側からの「歩み寄り」を、相手がずっと待っていてくれたとわかる瞬間もありそうです。愛を探している人は、ごく身近なところに愛の芽が見つかる気配があります。散策中や旅先での出会いなども期待できるタイミングです。

》 7月 全体の星模様 《

10日に火星が獅子座から乙女座へ、11日に水星が蟹座から獅子座へ移動します。火星が抜けた獅子座に金星と水星が同座し、とても爽やかな雰囲気に包まれます。5月末から熱い勝負を挑んできたテーマが、一転してとても楽しく軽やかな展開を見せるでしょう。一方、乙女座入りした火星は土星、木星と「調停」の形を結びます。問題に正面から向き合い、解決できます。

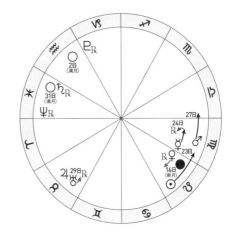

◆**熱い対話、クールな分析。**

フットワークで勝負できる時です。あちこちマメに動き回り、点と点をどんどん線で結ぶような役割を果たせそうです。コミュニケーションにも熱がこもり、対話が活性化します。非常に賑やかな時ですが、雑多に集まる声や情報・知識を、とてもクールに分析・理解し、まとめるあなたがいるはずです。

◆**お金やモノに関して「一度立ち止まる」。**

お金に関する嬉しい流れが、今月は少し変化を見せながらも、継続しています。たとえば、粘り強い価格交渉に臨む人がいるかもしれません。また、壊れたものを修理して復活させることになるかもしれません。相手の言い値で売買したり、壊れたもの

はすぐ処分したりするのは簡単なことですが、そこで一旦立ち止まり、「もうちょっと、なんとかならないか？」と問いかけてみることがこの時期のポイントなのです。

◎学びの成果が現れる。
月末、コツコツ学んできたテーマに強い光が射し込みそうです。知的実力が倍加したことを実感し、自信を持てます。

♥「愛の戦闘力」を使える場面。
愛の世界で、思い切ったコミュニケーションができそうです。「自然に会話が盛り上がる」「だんだんいい雰囲気になる」ようななめらかさが、この時期は全くありません。むしろ、衝撃を伴うような「告白」とか、核心を突く質問などが、愛の関係をダイナミックに進展させる可能性が高いようです。蟹座の人々はどちらかと言えば愛に臆病ですが、いざという時は誰よりも果敢に突き進むことができます。この時期はそんな、持ち前の「愛の戦闘力」を最大限に活かせるようです。

>>> 8月 全体の星模様 <<<

乙女座に火星と水星が同座し、忙しい雰囲気に包まれます。乙女座は実務的な星座で、この時期多くの人が「任務」にいつも以上に注力することになりそうです。一方、獅子座の金星は逆行しながら太陽と同座しています。怠けたりゆるんだりすることも、今はとても大事です。2日と31日に満月が起こりますが、特に31日の満月は土星と重なり、問題意識が強まりそうです。

9

SEPTEMBER

◆「居場所が動く」時。　🏠🏠🏠

住環境が変わる時です。引っ越しや家族構成の変化、独立などに向けて動き出す人が少なくないでしょう。あるいは、家にじっとしている暇がないほどあちこち飛び回る人もいるかもしれません。「いつもの風景」が大きく変わるのに伴い、一時的にお金の動きも変わりそうです。財布の紐をしっかり握って。

◆月の前半は「一時停止」。半ばからスムーズに。　✏️

7月半ばからフットワークに熱がこもっていましたが、9月に入ると突然「足が止まる」人もいるかもしれません。予定が次々に変更になったり、一時的に立ち止まったりすることになりそうですが、月の半ばを境にまた、さくさく動けるようになりま

す。家族や身近な人とのコミュニケーションも、月の前半は「膠着状態（こうちゃく）」になりがちかもしれません。月の半ばを過ぎると、スムーズに話し合えるようになるでしょう。

◆ 自分の「気前の良さ」に少し気をつけて。　　¥ ¥ ¥

8月中、経済的な動きが混乱しがちだったかもしれませんが、9月に入ると好調さが戻ります。お金の流れが良くなり、欲しいものが手に入るでしょう。ただ、非常に気前が良くなる時なので、想定外の出費が嵩（かさ）みがちに。特に「家族や身近な人のため」となると、天井知らずになる気配も。基本的には「金運の良い」時なので、過度な楽観には気をつけて。

♥ 月の半ば以降、気持ち良く話せる。　　　　　　♥

月の前半は誤解や行き違いがあるかもしれませんが、月の半ば以降は誤解が解け、気持ち良く話せるようになるでしょう。愛を探している人は、身近なところに見つかる気配があります。意中の人にはささやかな贈り物が、効果がありそうです。

≫ 9月 全体の星模様 ≪

月の前半、水星が乙女座で逆行します。物事の振り返りややり直しに見るべきものが多そうです。15日に乙女座で新月、翌16日に水星順行で、ここが「節目」になるでしょう。物事がスムーズな前進に転じます。8月に逆行していた金星も4日、順行に戻り、ゆるみがちだったことがだんだん好調になってきます。火星は天秤座で少し不器用に。怒りのコントロールが大切です。

10

OCTOBER

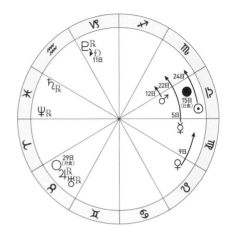

◆**中旬以降、やりたいことをやれる。** 👊👊👊

「居場所が動く」時間が12日まで続きます。物理的な移動、お金やモノを動かす作業で、月の上旬はかなり忙しくなるでしょう。中旬に入ると一転して、自分自身の好きなこと、やりたいことに取り組めるようになります。特にクリエイティブな活動において、特別なチャンスが巡ってきそうです。

◆**月の後半に向かって、環境が落ち着いていく。** 🏠🏠

先月から家族との間にトラブルを抱えていた人、住環境に問題が生じていた人は、12日を過ぎる頃には一段落します。中旬以降は身内とのコミュニケーションがスムーズな、あたたかいものになります。上旬までに盛大に散らかった家の中を、中旬以

降さくさく片づけていく人も。月の後半に向けて、環境が整う
と同時に、浮き足立った気持ちも落ち着くはずです。

◆**素敵な出会い、意外な成果。**

月末、意外な形で「夢が叶う」ことになるかもしれません。自
分の才能を活かせる場を見つける人、理解者に出会う人、協力
してくれる仲間に出会う人もいるでしょう。未来に向けて大き
な希望が生まれ、深い喜びを感じられそうです。5月以降ずっ
と取り組んできたことに、驚きの成果が出ます。

♥**熱い愛の季節がやってくる。** ♥♥♥

12日以降、熱い愛の季節がやってきます。愛について積極的に
動けるようになりますし、素敵なチャンスも巡ってきやすいで
しょう。不器用でも自分から話しかけ、会話を紡いでいく時、意
中の人に意外な好印象を持ってもらえそうです。出会いを探し
ている人は、散歩や小旅行に妙味があります。兄弟姉妹や幼な
じみからの紹介も期待できます。

》**10月 全体の星模様**《

獅子座の金星が9日に乙女座へ、天秤座の火星が12日に蠍座へ、そ
れぞれ移動します。月の上旬は前月の雰囲気に繋がっていますが、
中旬に入る頃にはガラッと変わり、熱いチャレンジの雰囲気が強
まるでしょう。15日、天秤座で日食が起こります。人間関係の大
きな転換点です。月末には木星の近くで月食、2023年のテーマの
「マイルストーン」的な出来事の気配が。

11
NOVEMBER

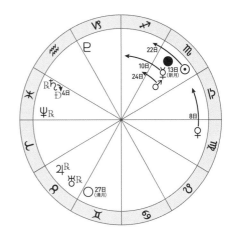

◆「やりたいこと」が「未来の自由」につながる。

「やりたいこと」に熱中できる時間が24日まで続いています。この時期の「やりたいこと」は単に今だけの楽しみに留まらず、今後長くあなたのライフワークとなっていく可能性があります。ここでの活動がきっかけとなって、長らくの悩みを解決する人、より自由な生活を実現する人もいそうです。

◆家に花を飾る気持ち。

家の中がとてもあたたかく、優しい雰囲気に包まれます。家に帰るのが毎日、楽しみになるかもしれません。家族との関係は愛に満ちますし、一人暮らしの人も、家の中になにかしら面白いこと、楽しいことを増やせるようです。来客が増えそうです

し、新たな家電や家具を導入するなど、環境が物理的に美しくなります。花を飾りたいような時間帯です。

◆ **外部から来る不思議な「救い」。**

月末、密かに抱え続けていた悩みが、意外な形で解決するかもしれません。長期的に背負っていかねばならない、と思っていた問題の一部が、自分以外の誰かからの贈り物のような出来事を通して、ふと「昇華」する気配があります。一人で考え続けて答えが見つからなかったことを、誰かが一緒に考えてくれる、といった場面もあるかもしれません。

♥ **引き続き、積極的に動ける熱い時間。** ♥ ♥ ♥

「熱い愛の季節」が24日まで続いています。カップルは情熱的な時間を過ごせるでしょう。愛情表現もとても熱くなります。愛を探している人は引き続き、自分からどんどん行動を起こしたい時です。家に招いたり、相手の家に遊びに行ったりするところから関係が深まる気配も。身近なところに愛の芽が。

》 11月 全体の星模様 《

火星は24日まで蠍座に、金星は8日から天秤座に入ります。どちらも「自宅」の配置で、パワフルです。愛と情熱、人間関係と闘争に関して、大きな勢いが生まれるでしょう。他者との関わりが密度を増します。水星は10日から射手座に入りますが、ここでは少々浮き足立つ感じがあります。特に、コミュニケーションや交通に関して、「脱線」が生じやすいかもしれません。

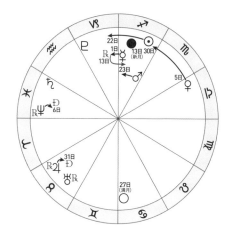

◆**ニーズに応える中で、可能性に出会う。**

先月までの「やりたいこと」の時間が一転して、「やるべきこ
と」の時間に入ります。タスクが山積みになり、多方面から出
動要請を受け、てんやわんやになりそうです。仲間たちから必
要とされる中で、「今後、こういう仕事をしていこう」という新
しいアイデアが浮かぶかもしれません。とにかく動いて。

◆ **蘇る関わり、時間をかける関わり。** ★ ★
　よみがえ

懐かしい人と再会できそうです。あるいは、このところ疎遠だ
った人との関係が回復するかもしれません。去ったはずの人が
「振り返って、戻ってくる」ような展開もありそうです。人間関
係において「蘇る・復活する」ものがある時なのです。一方、現

在進行形の人間関係は、一時的に停滞・混乱する気配も。こちらは、年明けにリカバリできます。焦ってすぐに軌道修正しようとするより、「少し時間をおく」ほうが効果的かもしれません。交渉や相談は無理に一度で終わらせようとせず、何度か回を重ねるほうが、望ましい着地点（みいだ）を見出せます。

◈「弾けすぎ」ても、受け止めてもらえそう。　　　

忙しい時期ですが、楽しいこともたくさんあります。楽しすぎて少々羽目を外しても、翌日後悔する必要はなさそうです。周囲の人々に、あたたかく受け止めてもらえています。

♥不器用でも、愛する意志を堅持する。　　　

基本的に好調ですが、意志によるコントロールが利きにくいようです。自分でも驚くような濃い愛情表現をしたり、逆に、反応すべき場面で妙に怯んでしまったりと、もどかしい場面もあるかもしれません。ただ、この時期は不器用でもとにかく積極的に動くことに意義があります。純粋な愛情を大事に。

》12月 全体の星模様《

火星は射手座に、金星は蠍座に、水星は山羊座に入ります。年末らしく忙しい雰囲気です。経済は沸騰気味で、グローバルなテーマが注目されそうです。13日が転換点で射手座の新月、水星が逆行開始です。ここまで外へ外へと広がってきたものが、一転して内向きに展開し始める可能性も。27日、蟹座の満月は水星、木星と小三角を組み、今年1年の「まとめ」を照らし出します。

月と星で読む
蟹座 365日のカレンダー

◆ 月の巡りで読む、12種類の日。

　毎日の占いをする際、最も基本的な「時計の針」となる
のが、月の動きです。「今日、月が何座にいるか」がわかれ
ば、今日のあなたの生活の中で、どんなテーマにスポット
ライトが当たっているかがわかります（P.64からの「365
日のカレンダー」に、毎日の月のテーマが書かれています。
☽マークは新月や満月など、◆マークは星の動きです）。

　本書では、月の位置による「その日のテーマ」を、右の
表のように表しています。

　月は1ヵ月で12星座を一回りするので、一つの星座に2
日半ほど滞在します。ゆえに、右の表の「○○の日」は、毎
日変わるのではなく、2日半ほどで切り替わります。

　月が星座から星座へと移動するタイミングが、切り替え
の時間です。この「切り替えの時間」はボイドタイムの終
了時間と同じです。

1. **スタートの日**：物事が新しく始まる日。
「仕切り直し」ができる、フレッシュな雰囲気の日。

2. **お金の日**：経済面・物質面で動きが起こりそうな日。
自分の手で何かを創り出せるかも。

3. **メッセージの日**：素敵なコミュニケーションが生まれる。
外出、勉強、対話の日。待っていた返信が来る。

4. **家の日**：身近な人や家族との関わりが豊かになる。
家事や掃除など、家の中のことをしたくなるかも。

5. **愛の日**：恋愛他、愛全般に追い風が吹く日。
好きなことができる。自分の時間を作れる。

6. **メンテナンスの日**：体調を整えるために休む人も。
調整や修理、整理整頓、実務などに力がこもる。

7. **人に会う日**：文字通り「人に会う」日。
人間関係が活性化する。「提出」のような場面も。

8. **プレゼントの日**：素敵なギフトを受け取れそう。
他人のアクションにリアクションするような日。

9. **旅の日**：遠出することになるか、または、
遠くから人が訪ねてくるかも。専門的学び。

10. **達成の日**：仕事や勉強など、頑張ってきたことについて、
何らかの結果が出るような日。到達。

11. **友だちの日**：交友関係が広がる、賑やかな日。
目指している夢や目標に一歩近づけるかも。

12. **ひみつの日**：自分一人の時間を持てる日。
自分自身としっかり対話できる。

◆ **太陽と月と星々が巡る「ハウス」のしくみ。**

　前ページの、月の動きによる日々のテーマは「ハウス」というしくみによって読み取れます。

　「ハウス」は、「世俗のハウス」とも呼ばれる、人生や生活の様々なイベントを読み取る手法です。12星座の一つ一つを「部屋」に見立て、そこに星が出入りすることで、その時間に起こる出来事の意義やなりゆきを読み取ろうとするものです。

　自分の星座が「第1ハウス」で、そこから反時計回りに12まで数字を入れてゆくと、ハウスの完成です。

第1ハウス：「自分」のハウス
第2ハウス：「生産」のハウス
第3ハウス：「コミュニケーション」のハウス
第4ハウス：「家」のハウス
第5ハウス：「愛」のハウス
第6ハウス：「任務」のハウス
第7ハウス：「他者」のハウス
第8ハウス：「ギフト」のハウス
第9ハウス：「旅」のハウス
第10ハウス：「目標と結果」のハウス
第11ハウス：「夢と友」のハウス
第12ハウス：「ひみつ」のハウス

例：蟹座の人の場合

自分の星座が
第1ハウス　　反時計回り

たとえば、今日の月が射手座に位置していたとすると、この日は「第6ハウスに月がある」ということになります。

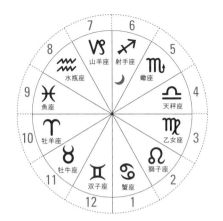

　前々ページの「○○の日」の前に打ってある数字は、実はハウスを意味しています。「第6ハウスに月がある」日は、「6. メンテナンスの日」です。

　太陽と月、水星から海王星までの惑星、そして準惑星の冥王星が、この12のハウスをそれぞれのスピードで移動していきます。「どの星がどのハウスにあるか」で、その時間のカラーやそのとき起こっていることの意味を、読み解くことができるのです。詳しくは『星読み+ 2022〜2032年データ改訂版』(幻冬舎コミックス刊)、または『月で読むあしたの星占い』(すみれ書房刊)でどうぞ！

1 ·JANUARY·

1 日
達成の日 ▶ 友だちの日   [ボイド 〜02:10]
肩の力が抜け、伸びやかな気持になれる。

2 月
友だちの日
未来のプランを立てる。友だちと過ごせる。チームワーク。

3 火
友だちの日 ▶ ひみつの日   [ボイド 07:17〜11:46]
ざわめきから少し離れたくなる。自分の時間。
◆金星が「ギフト」のハウスへ。欲望の解放と調整、他者への要求、他者からの要求。甘え。

4 水
ひみつの日
一人の時間。過去を振り返り、戦略を練る。自分を大事にする。

5 木
ひみつの日 ▶ スタートの日   [ボイド 09:09〜23:16]
新しいことを始めやすい時間に切り替わる。

6 金
スタートの日
主役の意識で動く。新しい選択肢を選べる。気持ちが切り替わる。

7 土
○スタートの日
主役の意識で動く。新しい選択肢を選べる。気持ちが切り替わる。
🌙「自分」のハウスで満月。現在の自分を受け入れられる。誰かに受け止めてもらえる。

8 日
スタートの日 ▶ お金の日   [ボイド 07:25〜11:42]
物質面・経済活動が活性化する時間に入る。

9 月
お金の日
いわゆる「金運がいい」日。実入りが良く、いい買い物もできそう。

10 火
お金の日   [ボイド 10:54〜]
いわゆる「金運がいい」日。実入りが良く、いい買い物もできそう。

11 水
お金の日 ▶ メッセージの日   [ボイド 〜00:17]
「動き」が出てくる。コミュニケーションの活性。

12 木
メッセージの日
待っていた朗報が届く。勉強が捗る。外に出たくなる日。

13 金
メッセージの日 ▶ 家の日   [ボイド 08:08〜11:58]
生活環境や身内に目が向かう。原点回帰。
◆火星が「ひみつ」のハウスで順行へ。問題解決への勢いが増す。難題も解決に向かう。

14 土
家の日
「普段の生活」が充実。身内との関係強化。環境改善ができる。

15 日
◗家の日 ▶ 愛の日   [ボイド 17:41〜21:10]
愛の追い風が吹く。好きなことができる。

16 月
愛の日
愛について嬉しいことがある。子育て、趣味、創作にも追い風が。

17 火　愛の日　　　　　　　　　　　　　　　　　　　［ボイド 23:29〜］
愛について嬉しいことがある。子育て、趣味、創作にも追い風が。

18 水　愛の日 ▶ メンテナンスの日　　　　　　　　　　　　［ボイド 〜02:35］
「やりたいこと」から「やるべきこと」へのシフト。
◆水星が「他者」のハウスで順行へ。人間関係に関する混乱からの
回復、前進。相互理解。

19 木　メンテナンスの日　　　　　　　　　　　　　　　　　［ボイド 19:10〜］
生活や心身の故障部分を修理できる。ケアしたり、されたり。

20 金　メンテナンスの日 ▶ 人に会う日　　　　　　　　　　　［ボイド 〜04:13］
「自分の世界」から「外界」へ出るような節目。
◆太陽が「ギフト」のハウスへ。1年のサイクルの中で経済的授受
のバランスを見直すとき。

21 土　人に会う日
人に会ったり、会う約束をしたりする日。出会いの気配も。

22 日　● 人に会う日 ▶ プレゼントの日　　　　　　　　［ボイド 00:54〜03:30］
他者との関係に、さらに一歩踏み込めるように。
◗「ギフト」のハウスで新月。心の扉を開く。誰かに導かれての経験。
ギフトから始まること。

23 月　プレゼントの日　　　　　　　　　　　　　　　　　［ボイド 19:21〜］
人から貴重なものを受け取れる。提案を受ける場面も。
◆天王星が「夢と友」のハウスで順行へ。真の自由を目指して、行
動を再開できる。

24 火　プレゼントの日 ▶ 旅の日　　　　　　　　　　　　　　［ボイド 〜02:37］
遠い場所との間に、橋が架かり始める。

25 水　旅の日
遠出したり、遠くから人が訪ねてくれたりする日。発信力も増す。

26 木　旅の日 ▶ 達成の日　　　　　　　　　　　　　　［ボイド 01:13〜03:50］
意欲が湧く。はっきりした成果が出る時間へ。

27 金　達成の日
目標に手が届く。結果が出る日。人から認められる場面も。
◆金星が「旅」のハウスへ。楽しい旅の始まり、旅の仲間。研究の果
実。距離を越える愛。

28 土　達成の日 ▶ 友だちの日　　　　　　　　　　　　［ボイド 06:03〜08:44］
肩の力が抜け、伸びやかな気持ちになれる。

29 日　◗ 友だちの日
未来のプランを立てる。友だちと過ごせる。チームワーク。

30 月　友だちの日 ▶ ひみつの日　　　　　　　　　　　［ボイド 14:54〜17:36］
ざわめきから少し離れたくなる。自分の時間。

31 火　ひみつの日
一人の時間。過去を振り返り、戦略を練る。自分を大事にする。

2 ·FEBRUARY·

1	水	ひみつの日	[ボイド 21:00〜]
		一人の時間。過去を振り返り、戦略を練る。自分を大事にする。	
2	木	ひみつの日 ▶ スタートの日	[ボイド 〜05:13]
		新しいことを始めやすい時間に切り替わる。	
3	金	スタートの日	
		主役の意識で動く。新しい選択肢を選べる。気持ちが切り替わる。	
4	土	スタートの日 ▶ お金の日	[ボイド 15:21〜17:50]
		物質面・経済活動が活性化する時間に入る。	
5	日	お金の日	
		いわゆる「金運がいい」日。実入りが良く、いい買い物もできそう。	
6	月	○お金の日	[ボイド 23:17〜]
		いわゆる「金運がいい」日。実入りが良く、いい買い物もできそう。	
		☽「生産」のハウスで満月。経済的・物質的な努力が実り、収穫が得られる。豊かさ、満足。	
7	火	お金の日 ▶ メッセージの日	[ボイド 〜06:16]
		「動き」が出てくる。コミュニケーションの活性。	
8	水	メッセージの日	
		待っていた朗報が届く。勉強が捗る。外に出たくなる日。	
9	木	メッセージの日 ▶ 家の日	[ボイド 15:42〜17:48]
		生活環境や身内に目が向かう。原点回帰。	
10	金	家の日	
		「普段の生活」が充実。身内との関係強化。環境改善ができる。	
11	土	家の日	
		「普段の生活」が充実。身内との関係強化。環境改善ができる。	
		◆水星が「ギフト」のハウスへ。利害のマネジメント。コンサルテーション。カウンセリング。	
12	日	家の日 ▶ 愛の日	[ボイド 01:43〜03:36]
		愛の追い風が吹く。好きなことができる。	
13	月	愛の日	
		愛について嬉しいことがある。子育て、趣味、創作にも追い風が。	
14	火	◑愛の日 ▶ メンテナンスの日	[ボイド 08:54〜10:33]
		「やりたいこと」から「やるべきこと」へのシフト。	
15	水	メンテナンスの日	
		生活や心身の故障部分を修理できる。ケアしたり、されたり。	
16	木	メンテナンスの日 ▶ 人に会う日	[ボイド 10:07〜14:01]
		「自分の世界」から「外界」へ出るような節目。	
17	金	人に会う日	
		人に会ったり、会う約束をしたりする日。出会いの気配も。	

18 土 人に会う日 ▶ プレゼントの日 　　　　　　　　［ボイド 13:19〜14:36］
他者との関係に、さらに一歩踏み込めるように。

19 日 プレゼントの日
人から貴重なものを受け取れる。提案を受ける場面も。
◆太陽が「旅」のハウスへ。1年のサイクルの中で「精神的成長」を
確認するとき。

20 月 ●プレゼントの日 ▶ 旅の日 　　　　　　　　　［ボイド 11:02〜13:58］
遠い場所との間に、橋が架かり始める。
☽「旅」のハウスで新月。旅に出発する。専門分野を開拓し始める。
矢文を放つ。◆金星が「目標と結果」のハウスへ。目標達成と勲章。
気軽に掴めるチャンス。嬉しい配役。

21 火 旅の日
遠出したり、遠くから人が訪ねてくれたりする日。発信力も増す。

22 水 旅の日 ▶ 達成の日 　　　　　　　　　　　　［ボイド 13:07〜14:15］
意欲が湧く。はっきりした成果が出る時間へ。

23 木 達成の日
目標に手が届く。結果が出る日。人から認められる場面も。

24 金 達成の日 ▶ 友だちの日 　　　　　　　　　　［ボイド 16:23〜17:31］
肩の力が抜け、伸びやかな気持ちになれる。

25 土 友だちの日
未来のプランを立てる。友だちと過ごせる。チームワーク。

26 日 友だちの日 　　　　　　　　　　　　　　　　　［ボイド 23:44〜］
未来のプランを立てる。友だちと過ごせる。チームワーク。

27 月 ◑友だちの日 ▶ ひみつの日 　　　　　　　　　　［ボイド 〜00:49］
ざわめきから少し離れたくなる。自分の時間。

28 火 ひみつの日
一人の時間。過去を振り返り、戦略を練る。自分を大事にする。

3 ·MARCH·

1	水	ひみつの日 ▶ スタートの日 [ボイド 10:09〜11:42] 新しいことを始めやすい時間に切り替わる。
2	木	スタートの日 主役の意識で動く。新しい選択肢を選べる。気持ちが切り替わる。
3	金	スタートの日 [ボイド 23:24〜] 主役の意識で動く。新しい選択肢を選べる。気持ちが切り替わる。 ◆水星が「旅」のハウスへ。軽やかな旅立ち。勉強や研究に追い風が。導き手に恵まれる。
4	土	スタートの日 ▶ お金の日 [ボイド 〜00:17] 物質面・経済活動が活性化する時間に入る。
5	日	お金の日 いわゆる「金運がいい」日。実入りが良く、いい買い物もできそう。
6	月	お金の日 ▶ メッセージの日 [ボイド 12:20〜12:40] 「動き」が出てくる。コミュニケーションの活性。
7	火	○メッセージの日 待っていた朗報が届く。勉強が捗る。外に出たくなる日。 ﾠ「コミュニケーション」のハウスで満月。重ねてきた勉強や対話が実を結ぶとき。意思疎通が叶う。◆土星が「旅」のハウスへ。約2年半をかけた、偉大な学びの始まり。時間をかけた旅。
8	水	メッセージの日 ▶ 家の日 [ボイド 23:09〜23:46] 生活環境や身内に目が向かう。原点回帰。
9	木	家の日 「普段の生活」が充実。身内との関係強化。環境改善ができる。
10	金	家の日 「普段の生活」が充実。身内との関係強化。環境改善ができる。
11	土	家の日 ▶ 愛の日 [ボイド 08:38〜09:07] 愛の追い風が吹く。好きなことができる。
12	日	愛の日 愛について嬉しいことがある。子育て、趣味、創作にも追い風が。
13	月	愛の日 ▶ メンテナンスの日 [ボイド 16:00〜16:22] 「やりたいこと」から「やるべきこと」へのシフト。
14	火	メンテナンスの日 生活や心身の故障部分を修理できる。ケアしたり、されたり。
15	水	◑メンテナンスの日 ▶ 人に会う日 [ボイド 17:52〜21:07] 「自分の世界」から「外界」へ出るような節目。
16	木	人に会う日 人に会ったり、会う約束をしたりする日。出会いの気配も。

68

17 金 人に会う日 ▶ プレゼントの日   [ボイド 23:15〜23:27]
他者との関係に、さらに一歩踏み込めるように。
◆金星が「夢と友」のハウスへ。友や仲間との交流が華やかに。「恵み」を受け取れる。

18 土 プレゼントの日
人から貴重なものを受け取れる。提案を受ける場面も。

19 日 プレゼントの日   [ボイド 19:35〜]
人から貴重なものを受け取れる。提案を受ける場面も。
◆水星が「目標と結果」のハウスへ。ここから忙しくなる。新しい課題、ミッション、使命。

20 月 プレゼントの日 ▶ 旅の日   [ボイド 〜00:14]
遠い場所との間に、橋が架かり始める。

21 火 旅の日
遠出したり、遠くから人が訪ねてくれたりする日。発信力も増す。
◆太陽が「目標と結果」のハウスへ。1年のサイクルの中で「目標と達成」を確認するとき。

22 水 ● 旅の日 ▶ 達成の日   [ボイド 01:00〜01:03]
意欲が湧く。はっきりした成果が出る時間へ。
🌙「目標と結果」のハウスで新月。新しいミッションがスタートするとき。目的意識が定まる。

23 木 達成の日
目標に手が届く。結果が出る日。人から認められる場面も。
◆冥王星が「ギフト」のハウスへ。ここから2043年頃にかけ、巨大なギフトを受け取ることになる。

24 金 達成の日 ▶ 友だちの日   [ボイド 02:15〜03:44]
肩の力が抜け、伸びやかな気持ちになれる。

25 土 友だちの日
未来のプランを立てる。友だちと過ごせる。チームワーク。
◆火星が「自分」のハウスへ。熱い自己変革の季節へ。勝負、挑戦。自分から動きたくなる。

26 日 友だちの日 ▶ ひみつの日   [ボイド 01:21〜09:43]
ざわめきから少し離れたくなる。自分の時間。

27 月 ひみつの日
一人の時間。過去を振り返り、戦略を練る。自分を大事にする。

28 火 ひみつの日 ▶ スタートの日   [ボイド 10:41〜19:24]
新しいことを始めやすい時間に切り替わる。

29 水 ◐ スタートの日
主役の意識で動く。新しい選択肢を選べる。気持ちが切り替わる。

30 木 スタートの日   [ボイド 22:47〜]
主役の意識で動く。新しい選択肢を選べる。気持ちが切り替わる。

31 金 スタートの日 ▶ お金の日   [ボイド 〜07:33]
物質面・経済活動が活性化する時間に入る。

4 ·APRIL·

1 土 お金の日
いわゆる「金運がいい」日。実入りが良く、いい買い物もできそう。

2 日 お金の日 ▶ メッセージの日 [ボイド 15:05〜19:59]
「動き」が出てくる。コミュニケーションの活性。

3 月 メッセージの日
待っていた朗報が届く。勉強が捗る。外に出たくなる日。

4 火 メッセージの日 [ボイド 22:52〜]
待っていた朗報が届く。勉強が捗る。外に出たくなる日。
◆水星が「夢と友」のハウスへ。仲間に恵まれる爽やかな季節。友と夢を語れる。新しい計画。

5 水 メッセージの日 ▶ 家の日 [ボイド 〜06:53]
生活環境や身内に目が向かう。原点回帰。

6 木 家の日 [ボイド 21:44〜]
「普段の生活」が充実。身内との関係強化。環境改善ができる。
☽「家」のハウスで満月。居場所が「定まる」。身近な人との間で「心満ちる」とき。

7 金 家の日 ▶ 愛の日 [ボイド 〜15:31]
愛の追い風が吹く。好きなことができる。

8 土 愛の日
愛について嬉しいことがある。子育て、趣味、創作にも追い風が。

9 日 愛の日 ▶ メンテナンスの日 [ボイド 18:11〜21:58]
「やりたいこと」から「やるべきこと」へのシフト。

10 月 メンテナンスの日
生活や心身の故障部分を修理できる。ケアしたり、されたり。

11 火 メンテナンスの日 [ボイド 19:49〜]
生活や心身の故障部分を修理できる。ケアしたり、されたり。
◆金星が「ひみつ」のハウスへ。これ以降、純粋な愛情から行動できる。一人の時間の充実も。

12 水 メンテナンスの日 ▶ 人に会う日 [ボイド 〜02:35]
「自分の世界」から「外界」へ出るような節目。

13 木 ☽人に会う日 [ボイド 23:16〜]
人に会ったり、会う約束をしたりする日。出会いの気配も。

14 金 人に会う日 ▶ プレゼントの日 [ボイド 〜05:44]
他者との関係に、さらに一歩踏み込めるように。

15 土 プレゼントの日
人から貴重なものを受け取れる。提案を受ける場面も。

16 日 プレゼントの日 ▶ 旅の日 [ボイド 00:17〜07:58]
遠い場所との間に、橋が架かり始める。

70

17	月	旅の日
		遠出したり、遠くから人が訪ねてくれたりする日。発信力も増す。

18	火	旅の日 ▶ 達成の日　　　　　　　　　　　　　[ボイド 03:59～10:11]
		意欲が湧く。はっきりした成果が出る時間へ。

19	水	達成の日
		目標に手が届く。結果が出る日。人から認められる場面も。

20	木	●達成の日 ▶ 友だちの日　　　　　　　　　　[ボイド 13:14～13:31]
		肩の力が抜け、伸びやかな気持ちになれる。
		☽「目標と結果」のハウスで日食。ロングスパンで見て重要なミッションがスタートする。◆太陽が「夢と友」のハウスへ。1年のサイクルの中で「友」「未来」に目を向ける季節へ。

21	金	友だちの日
		未来のプランを立てる。友だちと過ごせる。チームワーク。
		◆水星が「夢と友」のハウスで逆行開始。古い交友関係の復活、過去からもたらされる恵み。

22	土	友だちの日 ▶ ひみつの日　　　　　　　　　　[ボイド 12:43～19:13]
		ざわめきから少し離れたくなる。自分の時間。

23	日	ひみつの日
		一人の時間。過去を振り返り、戦略を練る。自分を大事にする。

24	月	ひみつの日　　　　　　　　　　　　　　　　　[ボイド 21:17～]
		一人の時間。過去を振り返り、戦略を練る。自分を大事にする。

25	火	ひみつの日 ▶ スタートの日　　　　　　　　　[ボイド ～04:00]
		新しいことを始めやすい時間に切り替わる。

26	水	スタートの日
		主役の意識で動く。新しい選択肢を選べる。気持ちが切り替わる。

27	木	スタートの日 ▶ お金の日　　　　　　　　　　[ボイド 08:42～15:31]
		物質面・経済活動が活性化する時間に入る。

28	金	◑お金の日
		いわゆる「金運がいい」日。実入りが良く、いい買い物もできそう。

29	土	お金の日　　　　　　　　　　　　　　　　　　[ボイド 19:54～]
		いわゆる「金運がいい」日。実入りが良く、いい買い物もできそう。

30	日	お金の日 ▶ メッセージの日　　　　　　　　　[ボイド ～04:01]
		「動き」が出てくる。コミュニケーションの活性。

5 ・MAY・

1 月 メッセージの日
待っていた朗報が届く。勉強が捗る。外に出たくなる日。

2 火 メッセージの日 ▶ 家の日 [ボイド 08:54〜15:11]
生活環境や身内に目が向かう。原点回帰。
◆冥王星が「ギフト」のハウスで逆行開始。心の中にある「欲望の容れ物」をかき回す。

3 水 家の日
「普段の生活」が充実。身内との関係強化。環境改善ができる。

4 木 家の日 ▶ 愛の日 [ボイド 18:18〜23:34]
愛の追い風が吹く。好きなことができる。

5 金 愛の日
愛について嬉しいことがある。子育て、趣味、創作にも追い風が。

6 土 ○愛の日 [ボイド 23:39〜]
愛について嬉しいことがある。子育て、趣味、創作にも追い風が。
🌙「愛」のハウスで月食。愛が特別な形で「満ちる」節目。愛のマイルストーン。

7 日 愛の日 ▶ メンテナンスの日 [ボイド 〜05:06]
「やりたいこと」から「やるべきこと」へのシフト。
◆金星が「自分」のハウスに。あなたの魅力が輝く季節の到来。愛に恵まれる楽しい日々へ。

8 月 メンテナンスの日
生活や心身の故障部分を修理できる。ケアしたり、されたり。

9 火 メンテナンスの日 ▶ 人に会う日 [ボイド 05:30〜08:35]
「自分の世界」から「外界」へ出るような節目。

10 水 人に会う日
人に会ったり、会う約束をしたりする日。出会いの気配も。

11 木 人に会う日 ▶ プレゼントの日 [ボイド 08:54〜11:07]
他者との関係に、さらに一歩踏み込めるように。

12 金 ◑プレゼントの日
人から貴重なものを受け取れる。提案を受ける場面も。

13 土 プレゼントの日 ▶ 旅の日 [ボイド 12:17〜13:41]
遠い場所との間に、橋が架かり始める。

14 日 旅の日
遠出したり、遠くから人が訪ねてくれたりする日。発信力も増す。

15 月 旅の日 ▶ 達成の日 [ボイド 11:58〜16:57]
意欲が湧く。はっきりした成果が出る時間へ。
◆水星が「夢と友」のハウスで順行へ。交友関係の正常化、ネットワーク拡大の動きが再開する。

16	火	達成の日 目標に手が届く。結果が出る日。人から認められる場面も。
17	水	達成の日 ▶ 友だちの日　　　　　　　　　　　　　[ボイド 18:11〜21:29] 肩の力が抜け、伸びやかな気持ちになれる。 ◆木星が「夢と友」のハウスへ。新しい夢を描く幸福な1年が始まる。 仲間にも恵まれる季節。
18	木	友だちの日 未来のプランを立てる。友だちと過ごせる。チームワーク。
19	金	友だちの日 未来のプランを立てる。友だちと過ごせる。チームワーク。
20	土	● 友だちの日 ▶ ひみつの日　　　　　　　　　　　[ボイド 02:52〜03:49] ざわめきから少し離れたくなる。自分の時間。 🌑「夢と友」のハウスで新月。新しい仲間や友に出会えるとき。夢が 生まれる。迷いが晴れる。
21	日	ひみつの日 一人の時間。過去を振り返り、戦略を練る。自分を大事にする。 ◆火星が「生産」のハウスへ。ほてりが収まって地に足がつく。経済 的な「勝負」も。◆太陽が「ひみつ」のハウスへ。新しい1年を目前 にしての、振り返りと準備の時期。
22	月	ひみつの日 ▶ スタートの日　　　　　　　　　　　[ボイド 07:13〜12:30] 新しいことを始めやすい時間に切り替わる。
23	火	スタートの日 主役の意識で動く。新しい選択肢を選べる。気持ちが切り替わる。
24	水	スタートの日 ▶ お金の日　　　　　　　　　　　　[ボイド 18:14〜23:36] 物質面・経済活動が活性化する時間に入る。
25	木	お金の日 いわゆる「金運がいい」日。実入りが良く、いい買い物もできそう。
26	金	お金の日　　　　　　　　　　　　　　　　　　　　[ボイド 15:40〜] いわゆる「金運がいい」日。実入りが良く、いい買い物もできそう。
27	土	お金の日 ▶ メッセージの日　　　　　　　　　　　[ボイド 〜12:07] 「動き」が出てくる。コミュニケーションの活性。
28	日	◐ メッセージの日 待っていた朗報が届く。勉強が捗る。外に出たくなる日。
29	月	メッセージの日 ▶ 家の日　　　　　　　　　　　　[ボイド 18:47〜23:52] 生活環境や身内に目が向かう。原点回帰。
30	火	家の日 「普段の生活」が充実。身内との関係強化。環境改善ができる。
31	水	家の日　　　　　　　　　　　　　　　　　　　　　[ボイド 23:55〜] 「普段の生活」が充実。身内との関係強化。環境改善ができる。

6 ·JUNE·

1 木
家の日 ▶ 愛の日 　　　　　　　　　　　　　　[ボイド 〜08:47]
愛の追い風が吹く。好きなことができる。

2 金
愛の日
愛について嬉しいことがある。子育て、趣味、創作にも追い風が。

3 土
愛の日 ▶ メンテナンスの日 　　　　　　　　　[ボイド 09:53〜14:05]
「やりたいこと」から「やるべきこと」へのシフト。

4 日
○メンテナンスの日
生活や心身の故障部分を修理できる。ケアしたり、されたり。
☽「任務」のハウスで満月。日々の努力や蓄積が「実る」。自他の体
調のケアに留意。

5 月
メンテナンスの日 ▶ 人に会う日 　　　　　　　[ボイド 12:25〜16:33]
「自分の世界」から「外界」へ出るような節目。
◆金星が「生産」のハウスへ。経済活動の活性化、上昇気流。物質
的豊かさの開花。

6 火
人に会う日
人に会ったり、会う約束をしたりする日。出会いの気配も。

7 水
人に会う日 ▶ プレゼントの日 　　　　　　　　[ボイド 13:41〜17:43]
他者との関係に、さらに一歩踏み込めるように。

8 木
プレゼントの日
人から貴重なものを受け取れる。提案を受ける場面も。

9 金
プレゼントの日 ▶ 旅の日 　　　　　　　　　　[ボイド 13:25〜19:16]
遠い場所との間に、橋が架かり始める。

10 土
旅の日
遠出したり、遠くから人が訪ねてくれたりする日。発信力も増す。

11 日
☽旅の日 ▶ 達成の日 　　　　　　　　　　　　[ボイド 22:22〜22:22]
意欲が湧く。はっきりした成果が出る時間へ。
◆逆行中の冥王星が「他者」のハウスへ。2008年頃からの「人間
関係の深い変容」を振り返る時間に。◆水星が「ひみつ」のハウス
へ。思考が深まる。思索、瞑想、誰かのための勉強。記録の精査。

12 月
達成の日
目標に手が届く。結果が出る日。人から認められる場面も。

13 火
達成の日
目標に手が届く。結果が出る日。人から認められる場面も。

14 水
達成の日 ▶ 友だちの日 　　　　　　　　　　　[ボイド 03:28〜03:33]
肩の力が抜け、伸びやかな気持ちになれる。

15 木
友だちの日
未来のプランを立てる。友だちと過ごせる。チームワーク。

16 金
友だちの日 ▶ ひみつの日 　　　　　　　　　　[ボイド 10:38〜10:47]
ざわめきから少し離れたくなる。自分の時間。

17 土　ひみつの日
一人の時間。過去を振り返り、戦略を練る。自分を大事にする。

18 日　●ひみつの日 ▶ スタートの日　　　　　　　　[ボイド 15:26〜19:59]
新しいことを始めやすい時間に切り替わる。
◆土星が「旅」のハウスで逆行開始。歩いてきた長い道のりを「踏み固める」期間へ。🌙「ひみつ」のハウスで新月。密かな迷いから解放される。自他を救うための行動を起こす。

19 月　スタートの日
主役の意識で動く。新しい選択肢を選べる。気持ちが切り替わる。

20 火　スタートの日
主役の意識で動く。新しい選択肢を選べる。気持ちが切り替わる。

21 水　スタートの日 ▶ お金の日　　　　　　　　　　[ボイド 06:45〜07:06]
物質面・経済活動が活性化する時間に入る。
◆太陽が「自分」のハウスへ。お誕生月の始まり、新しい1年への「扉」を開くとき。

22 木　お金の日
いわゆる「金運がいい」日。実入りが良く、いい買い物もできそう。

23 金　お金の日 ▶ メッセージの日　　　　　　　　　[ボイド 02:02〜19:37]
「動き」が出てくる。コミュニケーションの活性。

24 土　メッセージの日
待っていた朗報が届く。勉強が捗る。外に出たくなる日。

25 日　メッセージの日
待っていた朗報が届く。勉強が捗る。外に出たくなる日。

26 月　◑メッセージの日 ▶ 家の日　　　　　　　　　[ボイド 07:26〜07:59]
生活環境や身内に目が向かう。原点回帰。

27 火　家の日
「普段の生活」が充実。身内との関係強化。環境改善ができる。
◆水星が「自分」のハウスへ。知的活動が活性化。若々しい気持ち、行動力。発言力の強化。

28 水　家の日 ▶ 愛の日　　　　　　　　　　　　　　[ボイド 17:20〜17:57]
愛の追い風が吹く。好きなことができる。

29 木　愛の日
愛について嬉しいことがある。子育て、趣味、創作にも追い風が。

30 金　愛の日　　　　　　　　　　　　　　　　　　　[ボイド 23:22〜]
愛について嬉しいことがある。子育て、趣味、創作にも追い風が。

7 •JULY•

1 土
愛の日 ▶ メンテナンスの日　　　　　　　　　　　[ボイド 〜00:01]
「やりたいこと」から「やるべきこと」へのシフト。
◆海王星が「旅」のハウスで逆行開始。信念に、より大きなスケールの物差しを当て始める。

2 日
メンテナンスの日　　　　　　　　　　　　　　　[ボイド 22:35〜]
生活や心身の故障部分を修理できる。ケアしたり、されたり。

3 月
○メンテナンスの日 ▶ 人に会う日　　　　　　　　[ボイド 〜02:22]
「自分の世界」から「外界」へ出るような節目。
☽「他者」のハウスで満月。誰かとの一対一の関係が「満ちる」。交渉の成立、契約。

4 火
人に会う日
人に会ったり、会う約束をしたりする日。出会いの気配も。

5 水
人に会う日 ▶ プレゼントの日　　　　　　[ボイド 01:47〜02:32]
他者との関係に、さらに一歩踏み込めるように。

6 木
プレゼントの日　　　　　　　　　　　　　　　[ボイド 22:43〜]
人から貴重なものを受け取れる。提案を受ける場面も。

7 金
プレゼントの日 ▶ 旅の日　　　　　　　　　　　[ボイド 〜02:34]
遠い場所との間に、橋が架かり始める。

8 土
旅の日
遠出したり、遠くから人が訪ねてくれたりする日。発信力も増す。

9 日
旅の日 ▶ 達成の日　　　　　　　　　　　[ボイド 03:24〜04:21]
意欲が湧く。はっきりした成果が出る時間へ。

10 月
◑達成の日
目標に手が届く。結果が出る日。人から認められる場面も。
◆火星が「コミュニケーション」のハウスに。熱いコミュニケーション、議論。向学心。外に出て動く日々へ。

11 火
達成の日 ▶ 友だちの日　　　　　　　　　[ボイド 08:13〜08:57]
肩の力が抜け、伸びやかな気持ちになれる。
◆水星が「生産」のハウスへ。経済活動に知性を活かす。情報収集、経営戦略。在庫整理。

12 水
友だちの日
未来のプランを立てる。友だちと過ごせる。チームワーク。

13 木
友だちの日 ▶ ひみつの日　　　　　　　　[ボイド 15:12〜16:28]
ざわめきから少し離れたくなる。自分の時間。

14 金
ひみつの日
一人の時間。過去を振り返り、戦略を練る。自分を大事にする。

15 土
ひみつの日　　　　　　　　　　　　　　　　　[ボイド 21:37〜]
一人の時間。過去を振り返り、戦略を練る。自分を大事にする。

16	日	ひみつの日 ▶ スタートの日	[ボイド 〜02:15]
		新しいことを始めやすい時間に切り替わる。	

17	月	スタートの日
		主役の意識で動く。新しい選択肢を選べる。気持ちが切り替わる。

18	火	●スタートの日 ▶ お金の日　　　　　　　　　　　[ボイド 12:08〜13:41]
		物質面・経済活動が活性化する時間に入る。
		☽「自分」のハウスで新月。大切なことがスタートする節目。フレッシュな「切り替え」。

19	水	お金の日
		いわゆる「金運がいい」日。実入りが良く、いい買い物もできそう。

20	木	お金の日　　　　　　　　　　　　　　　　　　[ボイド 23:10〜]
		いわゆる「金運がいい」日。実入りが良く、いい買い物もできそう。

21	金	お金の日 ▶ メッセージの日　　　　　　　　　　[ボイド 〜02:14]
		「動き」が出てくる。コミュニケーションの活性。

22	土	メッセージの日
		待っていた朗報が届く。勉強が捗る。外に出たくなる日。

23	日	メッセージの日 ▶ 家の日　　　　　　　　　　　[ボイド 13:08〜14:56]
		生活環境や身内に目が向かう。原点回帰。
		◆金星が「生産」のハウスで逆行開始。自分に甘くなってゆく。日常的な「欲」との対話。◆太陽が「生産」のハウスへ。1年のサイクルの中で「物質的・経済的土台」を整備する。

24	月	家の日
		「普段の生活」が充実。身内との関係強化。環境改善ができる。

25	火	家の日
		「普段の生活」が充実。身内との関係強化。環境改善ができる。

26	水	◑家の日 ▶ 愛の日　　　　　　　　　　　　　[ボイド 00:07〜01:57]
		愛の追い風が吹く。好きなことができる。

27	木	愛の日
		愛について嬉しいことがある。子育て、趣味、創作にも追い風が。

28	金	愛の日 ▶ メンテナンスの日　　　　　　　　　　[ボイド 07:38〜09:26]
		「やりたいこと」から「やるべきこと」へのシフト。

29	土	メンテナンスの日
		生活や心身の故障部分を修理できる。ケアしたり、されたり。
		◆水星が「コミュニケーション」のハウスへ。知的活動の活性化、コミュニケーションの進展。学習の好機。

30	日	メンテナンスの日 ▶ 人に会う日　　　　　　　　[ボイド 08:53〜12:46]
		「自分の世界」から「外界」へ出るような節目。

31	月	人に会う日
		人に会ったり、会う約束をしたりする日。出会いの気配も。

8 ·AUGUST·

1	火	人に会う日 ▶ プレゼントの日 [ボイド 11:14〜12:59] 他者との関係に、さらに一歩踏み込めるように。
2	水	○プレゼントの日 人から貴重なものを受け取れる。提案を受ける場面も。 ☽「ギフト」のハウスで満月。人から「満を持して」手渡されるものがある。他者との融合。
3	木	プレゼントの日 ▶ 旅の日 [ボイド 06:17〜12:07] 遠い場所との間に、橋が架かり始める。
4	金	旅の日 遠出したり、遠くから人が訪ねてくれたりする日。発信力も増す。
5	土	旅の日 ▶ 達成の日 [ボイド 10:22〜12:21] 意欲が湧く。はっきりした成果が出る時間へ。
6	日	達成の日 目標に手が届く。結果が出る日。人から認められる場面も。
7	月	達成の日 ▶ 友だちの日 [ボイド 13:14〜15:26] 肩の力が抜け、伸びやかな気持ちになれる。
8	火	☽友だちの日 未来のプランを立てる。友だちと過ごせる。チームワーク。
9	水	友だちの日 ▶ ひみつの日 [ボイド 19:40〜22:07] ざわめきから少し離れたくなる。自分の時間。
10	木	ひみつの日 一人の時間。過去を振り返り、戦略を練る。自分を大事にする。
11	金	ひみつの日 一人の時間。過去を振り返り、戦略を練る。自分を大事にする。
12	土	ひみつの日 ▶ スタートの日 [ボイド 02:29〜07:54] 新しいことを始めやすい時間に切り替わる。
13	日	スタートの日 主役の意識で動く。新しい選択肢を選べる。気持ちが切り替わる。
14	月	スタートの日 ▶ お金の日 [ボイド 16:48〜19:38] 物質面・経済活動が活性化する時間に入る。
15	火	お金の日 いわゆる「金運がいい」日。実入りが良く、いい買い物もできそう。
16	水	●お金の日 [ボイド 18:40〜] いわゆる「金運がいい」日。実入りが良く、いい買い物もできそう。 ☽「生産」のハウスで新月。新しい経済活動をスタートさせる。新しいものを手に入れる。
17	木	お金の日 ▶ メッセージの日 [ボイド 〜08:16] 「動き」が出てくる。コミュニケーションの活性。

18 金 メッセージの日
待っていた朗報が届く。勉強が捗る。外に出たくなる日。

19 土 メッセージの日 ▶ 家の日　　　　　　　　[ボイド 17:52〜20:55]
生活環境や身内に目が向かう。原点回帰。

20 日 家の日
「普段の生活」が充実。身内との関係強化。環境改善ができる。

21 月 家の日
「普段の生活」が充実。身内との関係強化。環境改善ができる。

22 火 家の日 ▶ 愛の日　　　　　　　　　　　[ボイド 05:33〜08:24]
愛の追い風が吹く。好きなことができる。

23 水 愛の日
愛について嬉しいことがある。子育て、趣味、創作にも追い風が。
◆太陽が「コミュニケーション」のハウスへ。1年のサイクルの中で
コミュニケーションを繋ぎ直すとき。

24 木 ●愛の日 ▶ メンテナンスの日　　　　　　[ボイド 14:12〜17:09]
「やりたいこと」から「やるべきこと」へのシフト。
◆水星が「コミュニケーション」のハウスで逆行開始。過去に遡るコ
ミュニケーション。対話の積み重ね。

25 金 メンテナンスの日
生活や心身の故障部分を修理できる。ケアしたり、されたり。

26 土 メンテナンスの日 ▶ 人に会う日　　　　　[ボイド 20:58〜22:07]
「自分の世界」から「外界」へ出るような節目。

27 日 人に会う日
人に会ったり、会う約束をしたりする日。出会いの気配も。
◆火星が「家」のハウスへ。居場所を「動かす」時期。環境変化、引
越、家族との取り組み。

28 月 人に会う日 ▶ プレゼントの日　　　　　　[ボイド 20:51〜23:33]
他者との関係に、さらに一歩踏み込めるように。

29 火 プレゼントの日
人から貴重なものを受け取れる。提案を受ける場面も。
◆天王星が「夢と友」のハウスで逆行開始。信頼関係に対する客観
的な視点。夢の再設定。

30 水 プレゼントの日 ▶ 旅の日　　　　　　　　[ボイド 12:06〜22:58]
遠い場所との間に、橋が架かり始める。

31 木 ○旅の日
遠出したり、遠くから人が訪ねてくれたりする日。発信力も増す。
☽「旅」のハウスで満月。遠い場所への扉が「満を持して」開かれる。
遠くまで声が届く。

9 •SEPTEMBER•

1 金
旅の日 ▶ 達成の日 　　　　　　　　　　　　　　　[ボイド 19:37〜22:26]
意欲が湧く。はっきりした成果が出る時間へ。

2 土
達成の日
目標に手が届く。結果が出る日。人から認められる場面も。

3 日
達成の日 　　　　　　　　　　　　　　　　　　　[ボイド 20:58〜]
目標に手が届く。結果が出る日。人から認められる場面も。

4 月
達成の日 ▶ 友だちの日 　　　　　　　　　　　　　[ボイド 〜00:01]
肩の力が抜け、伸びやかな気持ちになれる。
◆金星が「生産」のハウスで順行へ。経済活動が「軌道に乗る」「復調する」節目。◆木星が「夢と友」のハウスで逆行開始。仲間との関係や未来の計画を「熟成」させる。

5 火
友だちの日
未来のプランを立てる。友だちと過ごせる。チームワーク。

6 水
友だちの日 ▶ ひみつの日 　　　　　　　　　　　[ボイド 01:48〜05:08]
ざわめきから少し離れたくなる。自分の時間。

7 木
◐ひみつの日
一人の時間。過去を振り返り、戦略を練る。自分を大事にする。

8 金
ひみつの日 ▶ スタートの日 　　　　　　　　　　[ボイド 07:23〜14:01]
新しいことを始めやすい時間に切り替わる。

9 土
スタートの日
主役の意識で動く。新しい選択肢を選べる。気持ちが切り替わる。

10 日
スタートの日 　　　　　　　　　　　　　　　　[ボイド 21:49〜]
主役の意識で動く。新しい選択肢を選べる。気持ちが切り替わる。

11 月
スタートの日 ▶ お金の日 　　　　　　　　　　　[ボイド 〜01:38]
物質面・経済活動が活性化する時間に入る。

12 火
お金の日
いわゆる「金運がいい」日。実入りが良く、いい買い物もできそう。

13 水
お金の日 ▶ メッセージの日 　　　　　　　　　[ボイド 00:07〜14:20]
「動き」が出てくる。コミュニケーションの活性。

14 木
メッセージの日
待っていた朗報が届く。勉強が捗る。外に出たくなる日。

15 金
●メッセージの日 　　　　　　　　　　　　　　[ボイド 22:51〜]
待っていた朗報が届く。勉強が捗る。外に出たくなる日。
☽「コミュニケーション」のハウスで新月。新しいコミュニケーションが始まる。学び始める。朗報も。

16 土
メッセージの日 ▶ 家の日 　　　　　　　　　　[ボイド 〜02:46]
生活環境や身内に目が向かう。原点回帰。
◆水星が「コミュニケーション」のハウスで順行へ。コミュニケーションや勉強に関し、リズムが整っていく。

17 日　家の日
「普段の生活」が充実。身内との関係強化。環境改善ができる。

18 月　家の日 ▶ 愛の日　　　　　　　　　　　　　[ボイド 10:08〜14:00]
愛の追い風が吹く。好きなことができる。

19 火　愛の日
愛について嬉しいことがある。子育て、趣味、創作にも追い風が。

20 水　愛の日 ▶ メンテナンスの日　　　　　　　[ボイド 19:23〜23:08]
「やりたいこと」から「やるべきこと」へのシフト。

21 木　メンテナンスの日
生活や心身の故障部分を修理できる。ケアしたり、されたり。

22 金　メンテナンスの日
生活や心身の故障部分を修理できる。ケアしたり、されたり。

23 土　◑メンテナンスの日 ▶ 人に会う日　　　　[ボイド 04:33〜05:22]
「自分の世界」から「外界」へ出るような節目。
◆太陽が「家」のハウスへ。1年のサイクルの中で「居場所・家・心」を整備し直すとき。

24 日　人に会う日
人に会ったり、会う約束をしたりする日。出会いの気配も。

25 月　人に会う日 ▶ プレゼントの日　　　　　　[ボイド 05:07〜08:31]
他者との関係に、さらに一歩踏み込めるように。

26 火　プレゼントの日　　　　　　　　　　　　　[ボイド 21:40〜]
人から貴重なものを受け取れる。提案を受ける場面も。

27 水　プレゼントの日 ▶ 旅の日　　　　　　　　[ボイド 〜09:20]
遠い場所との間に、橋が架かり始める。

28 木　旅の日
遠出したり、遠くから人が訪ねてくれたりする日。発信力も増す。

29 金　○旅の日 ▶ 達成の日　　　　　　　　　　[ボイド 05:59〜09:19]
意欲が湧く。はっきりした成果が出る時間へ。
🌙「目標と結果」のハウスで満月。目標達成のとき。社会的立場が一段階上がるような節目。

30 土　達成の日
目標に手が届く。結果が出る。人から認められる場面も。

10 ・OCTOBER・

1 日 達成の日 ▶ 友だちの日 　　　　　　　　　　　[ボイド 06:51〜10:20]
肩の力が抜け、伸びやかな気持ちになれる。

2 月 友だちの日
未来のプランを立てる。友だちと過ごせる。チームワーク。

3 火 友だちの日 ▶ ひみつの日 　　　　　　　　　　　[ボイド 10:21〜14:05]
ざわめきから少し離れたくなる。自分の時間。

4 水 ひみつの日
一人の時間。過去を振り返り、戦略を練る。自分を大事にする。

5 木 ひみつの日 ▶ スタートの日 　　　　　　　　　　[ボイド 15:36〜21:33]
新しいことを始めやすい時間に切り替わる。
◆水星が「家」のハウスへ。来訪者。身近な人との対話。若々しい
風が居場所に吹き込む。

6 金 スタートの日
主役の意識で動く。新しい選択肢を選べる。気持ちが切り替わる。

7 土 スタートの日
主役の意識で動く。新しい選択肢を選べる。気持ちが切り替わる。

8 日 スタートの日 ▶ お金の日 　　　　　　　　　　　[ボイド 04:13〜08:26]
物質面・経済活動が活性化する時間に入る。

9 月 お金の日
いわゆる「金運がいい」日。実入りが良く、いい買い物もできそう。
◆金星が「コミュニケーション」のハウスへ。喜びある学び、対話、
外出。言葉による優しさ、愛の伝達。

10 火 お金の日 ▶ メッセージの日 　　　　　　　　　　[ボイド 18:38〜21:03]
「動き」が出てくる。コミュニケーションの活性。

11 水 メッセージの日
待っていた朗報が届く。勉強が捗る。外に出たくなる日。
◆冥王星が「他者」のハウスで順行へ。他者の要望がストレートに
感じられるようになる。

12 木 メッセージの日
待っていた朗報が届く。勉強が捗る。外に出たくなる日。
◆火星が「愛」のハウスへ。情熱的な愛、積極的自己表現。愛と理
想のための戦い。

13 金 メッセージの日 ▶ 家の日 　　　　　　　　　　　[ボイド 05:12〜09:24]
生活環境や身内に目が向かう。原点回帰。

14 土 家の日
「普段の生活」が充実。身内との関係強化。環境改善ができる。

15 日 ●家の日 ▶ 愛の日 　　　　　　　　　　　　　　[ボイド 16:03〜20:06]
愛の追い風が吹く。好きなことができる。
◗「家」のハウスで日食。家族との関わりや居場所について、特別な
ことが始まるかも。

16	月	愛の日 愛について嬉しいことがある。子育て、趣味、創作にも追い風が。	
17	火	愛の日 愛について嬉しいことがある。子育て、趣味、創作にも追い風が。	
18	水	愛の日 ▶ メンテナンスの日 [ボイド 00:45〜04:38] 「やりたいこと」から「やるべきこと」へのシフト。	
19	木	メンテナンスの日 生活や心身の故障部分を修理できる。ケアしたり、されたり。	
20	金	メンテナンスの日 ▶ 人に会う日 [ボイド 04:04〜10:56] 「自分の世界」から「外界」へ出るような節目。	
21	土	人に会う日 人に会ったり、会う約束をしたりする日。出会いの気配も。	
22	日	◑人に会う日 ▶ プレゼントの日 [ボイド 15:02〜15:08] 他者との関係に、さらに一歩踏み込めるように。 ◆水星が「愛」のハウスへ。愛に関する学び、教育。若々しい創造性、遊び。知的創造。	
23	月	プレゼントの日 人から貴重なものを受け取れる。提案を受ける場面も。	
24	火	プレゼントの日 ▶ 旅の日 [ボイド 04:06〜17:35] 遠い場所との間に、橋が架かり始める。 ◆太陽が「愛」のハウスへ。1年のサイクルの中で「愛・喜び・創造性」を再生するとき。	
25	水	旅の日 遠出したり、遠くから人が訪ねてくれたりする日。発信力も増す。	
26	木	旅の日 ▶ 達成の日 [ボイド 15:41〜19:03] 意欲が湧く。はっきりした成果が出る時間へ。	
27	金	達成の日 目標に手が届く。結果が出る日。人から認められる場面も。	
28	土	達成の日 ▶ 友だちの日 [ボイド 17:21〜20:46] 肩の力が抜け、伸びやかな気持ちになれる。	
29	日	○友だちの日 未来のプランを立てる。友だちと過ごせる。チームワーク。 ☽「夢と友」のハウスで月食。特別な形で、希望が叶えられる。「恵み」を感じるとき。	
30	月	友だちの日 [ボイド 20:37〜] 未来のプランを立てる。友だちと過ごせる。チームワーク。	
31	火	友だちの日 ▶ ひみつの日 [ボイド 〜00:09] ざわめきから少し離れたくなる。自分の時間。	

11 ·NOVEMBER·

1	水	ひみつの日 [ボイド 21:38〜] 一人の時間。過去を振り返り、戦略を練る。自分を大事にする。
2	木	ひみつの日 ▶ スタートの日 [ボイド 〜06:32] 新しいことを始めやすい時間に切り替わる。
3	金	スタートの日 主役の意識で動く。新しい選択肢を選べる。気持ちが切り替わる。
4	土	スタートの日 ▶ お金の日 [ボイド 12:29〜16:23] 物質面・経済活動が活性化する時間に入る。 ◆土星が「旅」のハウスで順行へ。長旅の再開。長期的研究活動に見通しがつく。
5	日	◗お金の日 いわゆる「金運がいい」日。実入りが良く、いい買い物もできそう。
6	月	お金の日 [ボイド 16:27〜] いわゆる「金運がいい」日。実入りが良く、いい買い物もできそう。
7	火	お金の日 ▶ メッセージの日 [ボイド 〜04:41] 「動き」が出てくる。コミュニケーションの活性。
8	水	メッセージの日 待っていた朗報が届く。勉強が捗る。外に出たくなる日。 ◆金星が「家」のハウスへ。身近な人とのあたたかな交流。愛着。居場所を美しくする。
9	木	メッセージの日 ▶ 家の日 [ボイド 13:57〜17:10] 生活環境や身内に目が向かう。原点回帰。
10	金	家の日 「普段の生活」が充実。身内との関係強化。環境改善ができる。 ◆水星が「任務」のハウスへ。日常生活の整理、整備。健康チェック。心身の調律。
11	土	家の日 「普段の生活」が充実。身内との関係強化。環境改善ができる。
12	日	家の日 ▶ 愛の日 [ボイド 00:07〜03:41] 愛の追い風が吹く。好きなことができる。
13	月	●愛の日 愛について嬉しいことがある。子育て、趣味、創作にも追い風が。 ☽「愛」のハウスで新月。愛が「生まれる」ようなタイミング。大切なものと結びつく。
14	火	愛の日 ▶ メンテナンスの日 [ボイド 08:05〜11:25] 「やりたいこと」から「やるべきこと」へのシフト。
15	水	メンテナンスの日 生活や心身の故障部分を修理できる。ケアしたり、されたり。

16 木 メンテナンスの日 ▶ 人に会う日 [ボイド 07:59〜16:43]
「自分の世界」から「外界」へ出るような節目。

17 金 人に会う日
人に会ったり、会う約束をしたりする日。出会いの気配も。

18 土 人に会う日 ▶ プレゼントの日 [ボイド 17:29〜20:29]
他者との関係に、さらに一歩踏み込めるように。

19 日 プレゼントの日
人から貴重なものを受け取れる。提案を受ける場面も。

20 月 ◗ プレゼントの日 ▶ 旅の日 [ボイド 19:52〜23:31]
遠い場所との間に、橋が架かり始める。

21 火 旅の日
遠出したり、遠くから人が訪ねてくれたりする日。発信力も増す。

22 水 旅の日
遠出したり、遠くから人が訪ねてくれたりする日。発信力も増す。
◆太陽が「任務」のハウスへ。1年のサイクルの中で「健康・任務・日常」を再構築するとき。

23 木 旅の日 ▶ 達成の日 [ボイド 00:11〜02:21]
意欲が湧く。はっきりした成果が出る時間へ。

24 金 達成の日
目標に手が届く。結果が出る日。人から認められる場面も。
◆火星が「任務」のハウスへ。多忙期へ。長く走り続けるための必要条件を、戦って勝ち取る。

25 土 達成の日 ▶ 友だちの日 [ボイド 02:42〜05:30]
肩の力が抜け、伸びやかな気持ちになれる。

26 日 友だちの日
未来のプランを立てる。友だちと過ごせる。チームワーク。

27 月 ○ 友だちの日 ▶ ひみつの日 [ボイド 06:53〜09:42]
ざわめきから少し離れたくなる。自分の時間。
☽「ひみつ」のハウスで満月。時間をかけて治療してきた傷が癒える。自他を赦し赦される。

28 火 ひみつの日
一人の時間。過去を振り返り、戦略を練る。自分を大事にする。

29 水 ひみつの日 ▶ スタートの日 [ボイド 10:05〜15:55]
新しいことを始めやすい時間に切り替わる。

30 木 スタートの日
主役の意識で動く。新しい選択肢を選べる。気持ちが切り替わる。

12 ・DECEMBER・

1 金
スタートの日 　　　　　　　　　　　　　　　　　　[ボイド 22:08〜]
主役の意識で動く。新しい選択肢を選べる。気持ちが切り替わる。
◆水星が「他者」のハウスへ。正面から向き合う対話。調整のための交渉。若い人との出会い。

2 土
スタートの日 ▶ お金の日 　　　　　　　　　　　　[ボイド 〜01:02]
物質面・経済活動が活性化する時間に入る。

3 日
お金の日
いわゆる「金運がいい」日。実入りが良く、いい買い物もできそう。

4 月
お金の日 ▶ メッセージの日 　　　　　　　　[ボイド 11:13〜12:52]
「動き」が出てくる。コミュニケーションの活性。

5 火
◗ メッセージの日
待っていた朗報が届く。勉強が捗る。外に出たくなる日。
◆金星が「愛」のハウスへ。華やかな愛の季節の始まり。創造的活動への強い追い風。

6 水
メッセージの日 　　　　　　　　　　　　　　　　[ボイド 22:52〜]
待っていた朗報が届く。勉強が捗る。外に出たくなる日。
◆海王星が「旅」のハウスで順行へ。より高い価値観を求めて動き出せる。理想、夢、啓示。

7 木
メッセージの日 ▶ 家の日 　　　　　　　　　　　[ボイド 〜01:36]
生活環境や身内に目が向かう。原点回帰。

8 金
家の日
「普段の生活」が充実。身内との関係強化。環境改善ができる。

9 土
家の日 ▶ 愛の日 　　　　　　　　　　　　[ボイド 10:07〜12:36]
愛の追い風が吹く。好きなことができる。

10 日
愛の日
愛について嬉しいことがある。子育て、趣味、創作にも追い風が。

11 月
愛の日 ▶ メンテナンスの日 　　　　　　　[ボイド 17:59〜20:13]
「やりたいこと」から「やるべきこと」へのシフト。

12 火
メンテナンスの日
生活や心身の故障部分を修理できる。ケアしたり、されたり。

13 水
● メンテナンスの日 　　　　　　　　　　　　　[ボイド 15:50〜]
生活や心身の故障部分を修理できる。ケアしたり、されたり。
● 「任務」のハウスで新月。新しい生活習慣、新しい任務がスタートするとき。体調の調整。◆水星が「他者」のハウスで逆行開始。人間関係の復活、再会。迷路を抜けて人に会う。

14 木
メンテナンスの日 ▶ 人に会う日 　　　　　　　[ボイド 〜00:33]
「自分の世界」から「外界」へ出るような節目。

15 金
人に会う日
人に会ったり、会う約束をしたりする日。出会いの気配も。

16 土 　人に会う日 ▶ プレゼントの日 　　　　　　　[ボイド 01:05〜02:58]
他者との関係に、さらに一歩踏み込めるように。

17 日 　プレゼントの日 　　　　　　　　　　　　　　[ボイド 21:05〜]
人から貴重なものを受け取れる。提案を受ける場面も。

18 月 　プレゼントの日 ▶ 旅の日 　　　　　　　　　　[ボイド 〜05:00]
遠い場所との間に、橋が架かり始める。

19 火 　旅の日
遠出したり、遠くから人が訪ねてくれたりする日。発信力も増す。

20 水 　◗ 旅の日 ▶ 達成の日 　　　　　　　　　　　　[ボイド 06:05〜07:48]
意欲が湧く。はっきりした成果が出る時間へ。

21 木 　達成の日
目標に手が届く。結果が出る日。人から認められる場面も。

22 金 　達成の日 ▶ 友だちの日 　　　　　　　　　　　[ボイド 11:49〜11:52]
肩の力が抜け、伸びやかな気持ちになれる。
◆太陽が「他者」のハウスへ。1年のサイクルの中で人間関係を
「結び直す」とき。

23 土 　友だちの日
未来のプランを立てる。友だちと過ごせる。チームワーク。
◆逆行中の水星が「任務」のハウスに。生活・健康面での「見落と
し」を軌道修正できる。

24 日 　友だちの日 ▶ ひみつの日 　　　　　　　　　　[ボイド 15:41〜17:16]
ざわめきから少し離れたくなる。自分の時間。

25 月 　ひみつの日
一人の時間。過去を振り返り、戦略を練る。自分を大事にする。

26 火 　ひみつの日 　　　　　　　　　　　　　　　　[ボイド 16:57〜]
一人の時間。過去を振り返り、戦略を練る。自分を大事にする。

27 水 　◯ ひみつの日 ▶ スタートの日 　　　　　　　　[ボイド 〜00:17]
新しいことを始めやすい時間に切り替わる。
◗「自分」のハウスで満月。現在の自分を受け入れられる。誰かに
受け入れてもらえる。

28 木 　スタートの日
主役の意識で動く。新しい選択肢を選べる。気持ちが切り替わる。

29 金 　スタートの日 ▶ お金の日 　　　　　　　　　　[ボイド 07:59〜09:25]
物質面・経済活動が活性化する時間に入る。

30 土 　お金の日
いわゆる「金運がいい」日。実入りが良く、いい買い物もできそう。
◆金星が「任務」のハウスへ。美しい生活スタイルの実現。美のた
めの習慣。楽しい仕事。

31 日 　お金の日 ▶ メッセージの日 　　　　　　　　　[ボイド 14:20〜20:55]
「動き」が出てくる。コミュニケーションの活性化。
◆木星が「夢と友」のハウスで順行へ。仲間との関係や未来の計画
が「ふくらみ出す」。

参考　カレンダー解説の文字・線の色

あなたの星座にとって星の動きがどんな意味を持つか、わかりやすくカレンダーに書き込んでみたのが、P.89からの「カレンダー解説」です。色分けは厳密なものではありませんが、だいたい以下のようなイメージで分けられています。

―― 赤色
インパクトの強い出来事、意欲や情熱、パワーが必要な場面。

―― 水色
ビジネスや勉強、コミュニケーションなど、知的な活動に関すること。

―― 紺色
重要なこと、長期的に大きな意味のある変化。精神的な変化、健康や心のケアに関すること。

―― 緑色
居場所、家族に関すること。

―― ピンク色
愛や人間関係に関すること。嬉しいこと。

―― オレンジ色
経済活動、お金に関すること。

蟹座 2023年の
カレンダー解説

● 解説の文字・線の色のイメージは P.88 をご参照下さい ●

1 ・JANUARY・

mon	tue	wed	thu	fri	sat	sun
						1
2	3	4	5	6	⑦	8
9	10	11	12	13	14	15
16	17	18	19	20	21	22
23	24	25	26	27	28	29
30	31					

1/3–1/27　これまで不足していたものが供給される。経済的な悩みに光が見えてきそう。

1/7　何かが「完成」するようなターニングポイント。頑張ってきたことが実を結ぶ。大きな到達点。

1/27–2/20　学ぶことがとても楽しくなる。不思議な「トリップ」体験も。遠くから朗報が届く。

2 ・FEBRUARY・

mon	tue	wed	thu	fri	sat	sun
			1	2	3	4	5
⑥	7	8	9	10	11	12
13	14	15	16	17	18	19
⑳	21	22	23	24	25	26
27	28					

2/6　経済活動に実りがある時。欲しいものが手に入る。

2/20　これからのために何を学んでいくべきかがわかるかも。「導き」を得られる。啓示のような夢を見る人もいそう。

3 ·MARCH·

mon	tue	wed	thu	fri	sat	sun
			1	2	3	4	5
6	(7)	8	9	10	11	12
13	14	15	16	17	18	19
20	21	22	(23)	24	25	26
27	28	29	30	31		

3/7　ここから2026年頃にまたがって、時間をかけてじっくり学べる。新たな専門分野を得る人も。知的フィールドが変化し始める。

3/19–4/4　熱い活動期。大活躍できる。リーダーシップをとる人も。

3/23　2008年頃から続いた、長期的な人間関係の激変期が収束する。失われた人間関係の後に新しい人間関係を見つける人も。

3/25–5/21　かなり大きなミッションを引き受けることになるかも。挑戦による自己変革の時。

4 ·APRIL·

mon	tue	wed	thu	fri	sat	sun
					1	2
3	4	5	(6)	7	8	9
10	11	12	13	14	15	16
17	18	19	(20)	21	22	23
24	25	26	27	28	29	30

4/6　家族や身近な人に対する努力が報われる。身近な人との心の結びつきを確かめられる時。

4/20　「次」につながるステップを踏む時。「これまで」と「これから」を結ぶような活動が始まる。

5 ·MAY·

mon	tue	wed	thu	fri	sat	sun
1	2	3	4	5	6	7
8	9	10	11	12	13	14
15	16	(17)	18	19	20	21
22	23	24	25	26	27	28
29	30	31				

5/7–6/5　キラキラの愛の時間。ほめられたり声をかけられたりする機会が増えそう。楽しい、嬉しい時間帯。

5/17–2024/5/26　人に恵まれる、希望に満ちた時間帯。「これから」のことを広い視野で捉えられる。新たなヴィジョン。新たな社会参加。

6 ·JUNE·

mon	tue	wed	thu	fri	sat	sun
				1	2	3	4
5	6	7	8	9	10	(11)
12	13	14	15	16	17	18
19	20	21	22	23	24	25
26	(27)	28	29	30		

6/11　これ以降、これまでの人間関係についての「振り返り」が起こるかも。関わってきた人々との意識合わせ。

6/5–7/10　経済活動の密度が濃くなる。欲しいものを手に入れられる。10月上旬まで、お金や物に関して追い風が吹き続ける。

6/27–7/11　爽やかな多忙期。新しいことがたくさんスタートしそう。

7 • JULY •

mon	tue	wed	thu	fri	sat	sun
					1	2
③	4	5	6	7	8	9
10	11	12	13	14	15	16
17	⑱	19	20	21	22	23
24	25	26	27	28	29	30
31						

7/3　人間関係において、進展が起こるかも。認識を改めさせられるようなこと。誤解が解けるような展開も。

7/18　新しいスタートのタイミング。決意、決断の時。遠く未来を見据えた一歩を踏み出す人も。

7/29–8/27　熱いコミュニケーションの時間。権威ある人物、年長者、遠く感じられる人々と語り合う機会に恵まれる。重要な移動も。

8 • AUGUST •

mon	tue	wed	thu	fri	sat	sun
	1	2	3	4	5	6
7	8	9	10	11	12	13
14	15	16	17	18	19	20
21	22	23	㉔	25	26	㉗
28	29	30	31			

8/24–9/16　懐かしい人から連絡が来るかも。あるいは、こちらから旧交を復活させる人も。

8/27–10/12　居場所が動く時。引っ越しや模様替え、家族構成の変化など、生活に関して目立つイベントが起こりやすい。

9 ·SEPTEMBER·

mon	tue	wed	thu	fri	sat	sun
				1	2	3
(4)	5	6	7	8	9	10
11	12	13	14	15	16	17
18	19	20	21	22	23	24
25	26	27	28	(29)	30	

9/4　遠い未来を軸として動く状態から、今現在の状況に対応する状態へとシフトする。遠くを見ていた眼差しを、いったん手の中に戻すような変化が起こりそう。

9/29　大きな目標を達成できる。2022年半ばから2023年前半に頑張ったことが、大きく報われるかも。

10 ·OCTOBER·

mon	tue	wed	thu	fri	sat	sun
						1
2	3	4	5	6	7	8
9	10	11	12	13	14	(15)
16	17	18	19	20	21	22
23	24	25	26	27	28	(29)
30	31					

10/15　家の中に新風が吹き込む。家族関係や住環境に関することで、「ミラクル」が起こるかも。問題解決の時。

10/12–11/24　愛と情熱の季節。大恋愛をする人もいれば、好きなことにとことん打ち込む人もいそう。

10/29　夢に一歩近づける。友だちができる。信じられるものを見つける人も。とてもいいことが起こりそう。

11 · NOVEMBER ·

mon	tue	wed	thu	fri	sat	sun
		1	2	3	4	5
6	7	8	9	10	11	12
13	14	15	16	17	18	19
20	21	22	23	24	25	26
27	28	29	30			

11/8–12/5　居場所が愛に溢れる。住処を美しくしたくなるかも。居心地が良くなる。安心できる時。

11/10–2024/1/23　「任務」が盛りだくさんになる。人から頼られる。生活改善や転職活動など、「日常を根本的に変える試み」に取り組む人も。

12 · DECEMBER ·

mon	tue	wed	thu	fri	sat	sun
				1	2	3
4	5	6	7	8	9	10
11	12	13	14	15	16	17
18	19	20	21	22	23	24
25	26	27	28	29	30	31

12/5–12/30　愛の季節。不器用でも素直に愛を生きることで、状況が好転する。

12/27　一皮むける時。原点回帰できる。頑張ってきたことが実を結ぶ。新しい自信を持てる時。

2023年のプチ占い（天秤座〜魚座）

天秤座（9/24-10/23生まれ）

「出会いの時間」が5月まで続く。公私ともに素敵な出会い・関わりに恵まれる。パートナーを得る人も。6月から10月上旬は交友関係に愛が満ちる。視野が広がり、より大きな場に立つことになる年。

蠍座（10/24-11/22生まれ）

特別な「縁」が結ばれる年。不思議な経緯、意外な展開で、公私ともに新しい関わりが増えていく。6月から10月上旬、キラキラのチャンスが巡ってきそう。嬉しい役割を得て、楽しく活躍できる年。

射手座（11/23-12/21生まれ）

年の前半は「愛と創造の時間」の中にある。誰かとの真剣勝負に挑んでいる人も。年の半ばを境に、「役割を作る」時間に入る。新たな任務を得ることになりそう。心身の調子が上向く。楽しい冒険旅行も。

山羊座（12/22-1/20生まれ）

「居場所を作る」時間が5月まで続く。新たな住処を得る人、家族を得る人も。5月以降は「愛と創造の時間」へ。自分自身を解放するような、大きな喜びを味わえそう。経済的にも上昇気流が生じる。

水瓶座（1/21-2/19生まれ）

2020年頃からのプレッシャーから解放される。孤独感が和らぎ、日々を楽しむ余裕を持てる。5月以降は素晴らしい愛と創造の時間へ。人を愛することの喜び、何かを生み出すことの喜びに満ちる。

魚座（2/20-3/20生まれ）

強い意志をもって行動できる年。時間をかけてやり遂げたいこと、大きなテーマに出会う。経済的に強い追い風が吹く。年の半ば以降、素晴らしいコミュニケーションが生まれる。自由な学びの年。

（※牡羊座〜乙女座はP.30）

HOSHIORI

星のサイクル
冥王星

❀ 冥王星のサイクル

　2023年3月、冥王星が山羊座から水瓶座へと移動を開始します。この後も逆行・順行を繰り返しながら進むため、完全に移動が完了するのは2024年ですが、この3月から既に「水瓶座冥王星時代」に第一歩を踏み出すことになります。冥王星が山羊座入りしたのは2008年、それ以来の時間が、新しい時間へと移り変わってゆくのです。冥王星は根源的な変容、破壊と再生、隠された富、深い欲望などを象徴する星です。2008年はリーマン・ショックで世界が震撼した年でしたが、2023年から2024年もまた、時代の節目となるような象徴的な出来事が起こるのかもしれません。この星が星座から星座へと移動する時、私たちの人生にはどんな変化が感じられるでしょうか。次のページでは冥王星のサイクルを年表で表現し、続くページで各時代があなたの星座にとってどんな意味を持つか、少し詳しく説明しました。そしてさらに肝心の、2023年からの「水瓶座冥王星時代」があなたにとってどんな時間になるか、考えてみたいと思います。

冥王星のサイクル年表（詳しくは次のページへ）

時　期	蟹座のあなたにとってのテーマ
1912年 - 1939年	キャラクターの再構築
1937年 - 1958年	経済力、価値観、欲望の根本的再生
1956年 - 1972年	コミュニケーションの「迷路」を抜けてゆく
1971年 - 1984年	精神の最深部への下降、子供だった自分との再会
1983年 - 1995年	愛や創造的活動を通して、「もう一人の自分」に出会う
1995年 - 2008年	「生活」の根源的ニーズを発見する
2008年 - 2024年	他者との出会いにより、人生が変わる
2023年 - 2044年	他者の人生と自分の人生の結節点・融合点
2043年 - 2068年	「外部」への出口を探し当てる
2066年 - 2097年	人生全体を賭けられる目標を探す
2095年 - 2129年	友情、社会的生活の再発見
2127年 - 2159年	内面化された規範意識との対決

※時期について／冥王星は順行・逆行を繰り返すため、星座の境界線を何度か往復してから移動を完了する。上記の表で、開始時は最初の移動のタイミング、終了時は移動完了のタイミング。

◆ 1912-1939年　キャラクターの再構築

「自分はこういう人間だ」「自分のキャラクターはこれだ」というイメージが根源的に変容する時期です。まず、自分でもコントロールできないような大きな衝動に突き動かされ、「自分らしくないこと」の方向に向かい、その結果、過去の自分のイメージが消え去って、新たなセルフイメージが芽生えます。

◆ 1937-1958年　経済力、価値観、欲望の根本的再生

乗り物もない遠方で、突然自分の手では運べないほどの宝物を贈られたら、どうすればいいでしょうか。たとえばそんな課題から変容のプロセスがスタートします。強烈な欲望の体験、膨大な富との接触、その他様々な「所有・獲得」の激しい体験を通して、欲望や価値観自体が根源的に変化する時です。

◆ 1956-1972年　コミュニケーションの「迷路」を抜けてゆく

これまで疑問を感じなかったことに、いちいち「?」が浮かぶようになります。「そういうものなのだ」と思い込んでいたことへの疑念が生活の随所に浮上します。そこから思考が深まり、言葉が深みを増し、コミュニケーションが迷路に入り込みます。この迷路を抜けたところに、知的変容が完成します。

◆ 1971-1984年　精神の最深部への下降、子供だった自分との再会

不意に子供の頃の思い出と感情がよみがえり、その思いに飲み込まれるような状態になりやすい時です。心の階段を一段一段降りてゆき、より深い精神的世界へと触れることになります。この体験を通して、現代の家庭生活や人間関係、日常の風景が大きく変化します。「心」が根源的変容を遂げる時です。

◆ **1983 - 1995年　愛や創造的活動を通して、「もう一人の自分」に出会う**
圧倒的な愛情が生活全体を飲み込む時です。恋愛、子供への愛、そのほかの存在への愛が、一時的に人生の「すべて」となることもあります。この没入、陶酔、のめり込みの体験を通して、人生が大きく変化します。個人としての感情を狂おしいほど生きられる時間です。創造的な活動を通して財を築く人も。

◆ **1995 - 2008年　「生活」の根源的ニーズを発見する**
物理的な「身体」、身体の一部としての精神状態、現実的な「暮らし」が、根源的な変容のプロセスに入る時です。常識や社会のルール、責任や義務などへの眼差しが変化します。たとえば過酷な勤務とそこからの離脱を通して、「人生で最も大事にすべきもの」がわかる、といった経験をする人も。

◆ **2008 - 2024年　他者との出会いにより、人生が変わる**
一対一の人間関係において、火山の噴火のような出来事が起こる時です。人間の内側に秘められたエネルギーが他者との関わりをきっかけとして噴出し、お互いにそれをぶつけ合うような状況が生じることも。その結果、人間として見違えるような変容を遂げることになります。人生を変える出会いの時間です。

◆ **2023 - 2044年　他者の人生と自分の人生の結節点・融合点**
誰の人生も、自分だけの中に閉じた形で完結していません。他者の人生となんらかの形で融け合い、混じり合い、深く影響を与え合っています。時には境目が曖昧になり、ほとんど一体化することもあります。この時期はそうした「他者の人生との連結・融合」という、特別なプロセスが展開します。

◆ 2043-2068年 「外部」への出口を探し当てる

「人間はどこから来て、どこに行くのだろう」「宇宙の果てには、何があるのだろう」「死んだ後は、どうなるのだろう」。たとえばそんな問いを、誰もが一度くらいは考えたことがあるはずです。この時期はそうした問いに、深く突っ込んでいくことになります。宗教や哲学などを通して、人生が変わる時です。

◆ 2066-2097年 人生全体を賭けられる目標を探す

人生において最も大きな山を登る時間です。この社会において自分が持てる最大の力とはどんなものかを、徹底的に追求することになります。社会的成功への野心に、強烈に突き動かされます。「これこそが人生の成功だ」と信じられるイメージが、この時期の体験を通して根本的に変わります。

◆ 2095-2129年 友情、社会的生活の再発見

友達や仲間との関わり、「他者」の集団に身を置くことで自分を変えたい、という強い欲求が生まれます。自分を変えてくれるものこそはこれから出会う新たな友人である、というイメージが心を支配します。この広い世界と自分とをどのように結びつけ、居場所を得るかという大問題に立ち向かえる時です。

◆ 2127-2159年 内面化された規範意識との対決

自分の中で否定してきたこと、隠蔽してきたこと、背を向けてきたことの全てが、生活の水面上に浮かび上がる時です。たとえば何かが非常に気になったり、あるものを毛嫌いしたりする時、そこには自分の「内なるもの」がありありと映し出されています。精神の解放への扉を、そこに見いだせます。

〜2023年からのあなたの「冥王星時代」〜
他者の人生と自分の人生の結節点・融合点

2008年頃からこれまで、誰かとの一対一の関わりにおいて、非常に強い結びつき、連帯、協力関係を築いてきたのではないかと思います。「二人三脚」のような状態となり、かつてないほどパートナーに頼ったり、逆にパートナーを助けることになったりしたかもしれません。人間が「一人では生きていくことができない」ということの神髄を、過去15年ほどの中で身をもって学んだ人が多いはずです。

2023年からは、さらにその関係が一歩先に進みます。相手のものを自分のものとして使ったり、相手の一部が自分の一部と融合したり、お互いの間にあるはずの境界線が消え失せたりするのです。世に言う「切っても切れない関係」のその結び目ができあがるのが、この時期です。まず、他者との経済的結びつきが強まります。パートナーシップの中で経済的な役割分担が大きく偏ったり、強い依存関係が生まれたりするかもしれません。また、他人から大きな借金をしたり、逆に、人に大金を貸したりすることになるかもしれません。人

◆◇◇◇◆◇◇◇◆◇◇◇◆◇◇◆◇◇◆◇◇◆◇◇◆◇◇◆◇◇◆◇◇◆◇◇◆◇◇

間関係における「お金のやりとり」は想像以上に強力
で、関係自体がお金の力に支配され、時には破壊され
てしまう危険もあります。この時期、非常に大きな財
を譲り受ける人もいます。大きな財は持っているだけ
で、その人を危険な状態にします。お金を持ったため
に他者を信じられなくなる人もいます。大きな財を扱
い、管理し、活かす体験によって、人生観が大きく変
わります。人間の醜さや美しさを目の当たりにし、「人
を見る目」も変わるはずです。

　性的な関係も深まる時です。性もまた、お金以上に
人間関係を支配し、振り回し、危険に晒します。性的
な関わりを持つことは非常にゆたかで深遠な体験で、人
生を一変させることもありますが、その一方で、性に
囚われ、傷つけられる人も少なくありません。この時
期、性というものの豊かさと危険性の両方を、深く体
験することになるかもしれません。本当に大切なもの
を他者にひらき、与えることは、最高の喜びと最大の
危険を体験することに通じます。そして、その体験の
中から新しい生命が生まれます。深い喜びと価値、危
険の森を通り抜けて、新たな生命力を得る時です。

◆◇◇◇◆◇◇◇◆◇◇◇◆◇◇◆◇◇◆◇◇◆◇◇◆◇◇◆◇◇◆◇◇◆◇◇◆◇◇

12星座プロフィール

蟹座のプロフィール
感情の星座

// **I feel.**

(**キャラクター**)

◆「守る」星座

　蟹座の人々は「自分の心において、大切なものを全力で守る」ことを行動原理としています。一般に「母性的」「家庭的」などと言われますが、たとえ家族であっても、心から「大切だ」と思えなければ、蟹座の人は決して、それを守ることをしません。ゆえに、蟹座の人の中には「母性的」というキーワードに違和感を覚える人が少なくないのです。

　蟹座の人の心は、生き物の蟹によく似て、かたい甲羅で覆われています。その甲羅の中は、あたたかくて勢いの良い「感情」で充たされています。蟹座の人々は、愛しい人や大切な人、親しみを感じた相手などを、すべてこの甲羅の中に入れて、自分自身と同じように扱い、守るのです。

◆ 恐怖心と勇気

　蟹座の人々は行動力と活力に溢れ、とても積極的です。自分から新しいことを始めるのも得意で、しばしば誰にも相談せずに大きな決断をするため、周囲を驚かせることも

あります。

　大切なものを守るために攻撃が必要なときは、果敢に戦います。何かを守るための戦いですから、敵に対しては容赦ない攻撃を加え、徹底的に倒そうとします。蟹座の人が怒り、戦い始めると、かなり痛烈なものになります。なぜなら、敵に対するあわれみよりも、味方を守ろうとする思いが勝るからです。蟹座の人の怒りや攻撃は、心の奥底で「自分や大事なものを傷つけられるのではないか」という恐怖心と結びついています。蟹座の人は、恐怖が強ければ強いほど、攻撃は勢いを増し、勇敢になっていくのです。

◆ 脱皮と変容

　かたい甲羅で大事な人だけを守る蟹座の人は、「内弁慶」「臆病」と言われるような態度を見せることがあります。また、親しい人にはとてもオープンなのに、知らない人には非常に冷たく厳しい態度を見せることもあります。内側はやわらかく、外側に対しては痛烈、というのは、前述の蟹の「甲羅」の構造の通りです。

　ですが、蟹は脱皮を繰り返して、大きくなっていきます。蟹座の人の心もまた、脱皮を繰り返して成長します。甲羅が小さなうちは、文字通り「狭量な心」しか持っていませんが、甲羅が大きくなるほど、だんだんにたくさんのもの

を「守るべきもの」として受け入れていくことができます。蟹座の人の心が最も大きくなると、甲羅の中にすっぽりと全世界を受け入れてしまうこともできるはずなのです。そこではもう、戦うべき敵は甲羅の外にはありません。未知のものを恐れ、かたい甲羅の外側に打ち払うことなく、すべての問題を自分のものとして考える、限りなく広い心を持つことができるようになります。

◆ 模倣の才能

　蟹座の人は、マネをしながら物事を習得する傾向があります。完全にコピーするのではなく、肝心なところやおおまかな型を見習って、そこに独自のアイデアを加えていくのが上手です。

◆ 水の星座

　水は星占いの世界で「感情」を象徴します。喜怒哀楽、人への深い共感や情愛などを「水」が象徴するのです。水は捉えどころがなく、海のように満ち引きすることもあります。ゆえに「気まぐれ」と言われることもあります。確かに、感情的になったときと穏やかなときの変化が大きく、意見も気持ちの変化に沿ってころころ変わることもあります。ですが、水はすべてを洗い流し、潤す力です。蟹座の水は

小川や池の水など、キラキラした淡水で、言わば「飲める水」です。

　　　　　支配星・神話

◆ 月

　蟹座の支配星は、月です。全天で、太陽に次いで明るい天体に守られた蟹座という星座は、実は非常に「明るい」星座なのです。太陽が蟹座に入るタイミングは「夏至」で、1年で最も日が長くなる、いわば「光の時間」です。蟹座の人々は「感情的」と言われることが多いのですが、その一方で夏の昼間の太陽光のように、決然とした意志のもと、活動する傾向があります。

　月は満ち欠けを繰り返す、「変化」の象徴です。とはいえ、月が「本当に」欠けてしまっているわけではないように、蟹座の人も、感情をその時々で様々に揺らしつつも、その根本のところにある愛情は、いつも変わらないのです。

◆ ヘラの使者

　蟹座の神話は少々あわれです。英雄ヘラクレスが怪物ヒュドラを倒そうとした際、一匹の大蟹がヒュドラに加勢しました。大蟹はハサミでヘラクレスの足を掴んで惑わそうとしましたが、英雄は大蟹を片足でぐいと踏み殺してしま

いました。ヘラはこの蟹の勇気をあわれみ、星座にしたのです。

　一説には、大蟹はヒュドラの親友だったとされます。蟹座の人々は、感情が高ぶり、思いに突き動かされると、平素の臆病さは吹き飛んでしまい、驚くほど勇敢なことをやってのけるのです。そして、大蟹のようにあえなく失敗したとしても、決して嘆きはしないのです。

蟹座の才能

　人を安心させることが上手で、どんな場でも和やかに、楽しくすることができます。防御能力が高く、危機管理に優れています。状況の突発的な変化に対し、柔軟かつ積極的に対応できます。特に、自分のことではなく大切な人のこととなると、誰よりも高い対応力を発揮することができるようです。前述の通り「感情」の星座である蟹座の人々は、感情を表現すること、心を伝え、人の心を動かすことにも長けています。ゆえに「表現者」として強い魅力を発揮する人が少なくありません。

牡羊座　はじまりの星座

I am.

素敵なところ

裏表がなく純粋で、自他を比較しません。明るく前向きで、正義感が強く、諍いのあともさっぱりしています。欲しいものを欲しいと言える勇気、自己主張する勇気、誤りを認める勇気の持ち主です。

キーワード

勢い／勝負／果断／負けず嫌い／せっかち／能動的／スポーツ／ヒーロー・ヒロイン／華やかさ／アウトドア／草原／野生／丘陵／動物愛／議論好き／肯定的／帽子・頭部を飾るもの／スピード／赤

牡牛座　五感の星座

I have.

素敵なところ

感情が安定していて、態度に一貫性があります。知識や経験をたゆまずゆっくり、たくさん身につけます。穏やかでも不思議な存在感があり、周囲の人を安心させます。美意識が際立っています。

キーワード

感覚／色彩／快さ／リズム／マイペース／芸術／暢気（のんき）／贅沢／コレクション／一貫性／素直さと頑固さ／価値あるもの／美声・歌／料理／庭造り／変化を嫌う／積み重ね／エレガント／レモン色／白

双子座　知と言葉の星座

I think.

素敵なところ

イマジネーション能力が高く、言葉と物語を愛するユニークな人々です。フットワークが良く、センサーが敏感で、いくつになっても若々しく見えます。場の空気・状況を変える力を持っています。

キーワード

言葉／コミュニケーション／取引・ビジネス／相対性／比較／関連づけ／物語／比喩／移動／旅／ジャーナリズム／靴／天使・翼／小鳥／桜色／桃色／空色／文庫本／文房具／手紙

蟹 座 感情の星座　　　　　　　　　　I feel.

素敵なところ

心優しく、共感力が強く、人の世話をするときに手間を惜しみません。行動力に富み、人にあまり相談せずに大胆なアクションを起こすことがありますが、「聞けばちゃんと応えてくれる」人々です。

キーワード

感情／変化／月／守護・保護／日常生活／行動力／共感／安心／繰り返すこと／拒否／生活力／フルーツ／アーモンド／巣穴／胸部、乳房／乳白色／銀色／真珠

 獅子座 意思の星座　　　　　　　　　I will.

素敵なところ

太陽のように肯定的で、安定感があります。深い自信を持っており、側にいる人を安心させることができます。人を頷かせる力、一目置かせる力、パワー感を持っています。内面には非常に繊細な部分も。

キーワード

強さ／クールさ／肯定的／安定感／ゴールド／背中／自己表現／演技／芸術／暖炉／広場／人の集まる賑やかな場所／劇場・舞台／お城／愛／子供／緋色／パープル／緑

 乙女座 分析の星座　　　　　　　　I analyze.

素敵なところ

一見クールに見えるのですが、とても優しく世話好きな人々です。他者に対する観察眼が鋭く、シャープな批評を口にしますが、その相手の変化や成長を心から喜べる、「教育者」の顔を持っています。

キーワード

感受性の鋭さ／「気が利く」人／世話好き／働き者／デザイン／コンサバティブ／胃腸／神経質／分析／調合／変化／回復の早さ／迷いやすさ／研究家／清潔／ブルーブラック／空色／桃色

天秤座　関わりの星座

I balance.

素敵なところ

高い知性に恵まれると同時に、人に対する深い愛を抱いています。視野が広く、客観性を重視し、細やかな気遣いができます。内側には熱い情熱を秘めていて、個性的なこだわりや競争心が強い面も。

キーワード

人間関係／客観視／合理性／比較対象／美／吟味／審美眼／評価／選択／平和／交渉／結婚／諍い／調停／パートナーシップ／契約／洗練／豪奢／黒／芥子色／深紅色／水色／薄い緑色／ベージュ

蠍座　情熱の星座

I desire.

素敵なところ

意志が強く、感情に一貫性があり、愛情深い人々です。一度愛したものはずっと長く愛し続けることができます。信頼に足る、芯の強さを持つ人です。粘り強く努力し、不可能を可能に変えます。

キーワード

融け合う心／継承／遺伝／魅力／支配／提供／共有／非常に古い記憶／放出／流動／隠されたもの／湖沼／果樹園／庭／葡萄酒／琥珀／茶色／濃い赤／カギつきの箱／ギフト

射手座　冒険の星座

I understand.

素敵なところ

冒険心に富む、オープンマインドの人々です。自他に対してごく肯定的で、恐れを知らぬ勇気と明るさで周囲を照らし出します。自分の信じるものに向かってまっすぐに生きる強さを持っています。

キーワード

冒険／挑戦／賭け／負けず嫌い／馬や牛など大きな動物／遠い外国／語学／宗教／理想／哲学／おおらかさ／自由／普遍性／スピードの出る乗り物／船／黄色／緑色／ターコイズブルー／グレー

山羊座　実現の星座

I use.

素敵なところ

夢を現実に変えることのできる人々です。自分個人の世界だけに収まる小さな夢ではなく、世の中を変えるような、大きな夢を叶えることができる力を持っています。優しく力強く、芸術的な人です。

キーワード

城を築く／行動力／実現／責任感／守備／権力／支配者／組織／芸術／伝統／骨董品／彫刻／寺院／華やかな色彩／ゴージャス／大きな楽器／黒／焦げ茶色／薄い茜色／深緑

水瓶座　思考と自由の星座

I know.

素敵なところ

自分の頭でゼロから考えようとする、澄んだ思考の持ち主です。友情に篤く、損得抜きで人と関わろうとする、静かな情熱を秘めています。ユニークなアイデアを実行に移すときは無二の輝きを放ちます。

キーワード

自由／友情／公平・平等／時代の流れ／流行／メカニズム／合理性／ユニセックス／神秘的／宇宙／飛行機／通信技術／電気／メタリック／スカイブルー／チェック、ストライプ

魚座　透明な心の星座

I believe.

素敵なところ

人と人とを分ける境界線を、自由自在に越えていく不思議な力の持ち主です。人の心にするりと入り込み、相手を支え慰めることができます。場や世界を包み込むような大きな心を持っています。

キーワード

変容／変身／愛／海／救済／犠牲／崇高／聖なるもの／無制限／変幻自在／天衣無縫／幻想／瞑想／蠱惑／エキゾチック／ミステリアス／シースルー／黎明／白／ターコイズブルー／マリンブルー

用語解説

　星占いで用いる星々のうち、太陽と月以外の惑星と冥王星は、しばしば「逆行」します。これは、星が実際に軌道を逆走するのではなく、あくまで「地球からそう見える」ということです。

　たとえば同じ方向に向かう特急電車が普通電車を追い抜くとき、相手が後退しているように見えます。「星の逆行」は、この現象に似ています。地球も他の惑星と同様、太陽のまわりをぐるぐる回っています。ゆえに一方がもう一方を追い抜くとき、あるいは太陽の向こう側に回ったときに、相手が「逆走している」ように見えるのです。

　星占いの世界では、星が逆行するとき、その星の担うテーマにおいて停滞や混乱、イレギュラーなことが起こる、と解釈されることが一般的です。ただし、この「イレギュラー」は「不運・望ましくない展開」なのかというと、そうではありません。

　私たちは自分なりの推測や想像に基づいて未来の計画を立て、無意識に期待し、「次に起こること」を待ち受けます。その「待ち受けている」場所に思い通りのボールが飛んでこなかったとき、苛立ちや焦り、不安などを感じます。でも、そのこと自体が「悪いこと」かというと、決してそうではないはずです。なぜなら、人間の推測や想像には、限界があるか

らです。推測通りにならないことと、「不運」はまったく別の
ことです。

　星の逆行時は、私たちの推測や計画と、実際に巡ってくる
未来とが「噛み合いにくい」ときと言えます。ゆえに、現実
に起こる出来事全体が、言わば「ガイド役・導き手」となり
ます。目の前に起こる出来事に導いてもらうような形で先に
進み、いつしか、自分の想像力では辿り着けなかった場所に
「つれていってもらえる」わけです。

　水星の逆行は年に三度ほど、一回につき3週間程度で起こ
ります。金星は約1年半ごと、火星は2年に一度ほど、他の
星は毎年太陽の反対側に回る数ヵ月、それぞれ逆行します。

　たとえば水星逆行時は、以下のようなことが言われます。

◆ 失せ物が出てくる／この時期なくしたものはあとで出てくる
◆ 旧友と再会できる
◆ 交通、コミュニケーションが混乱する
◆ 予定の変更、物事の停滞、遅延、やり直しが発生する

　これらは「悪いこと」ではなく、無意識に通り過ぎてしま
った場所に忘れ物を取りに行くような、あるいは、トンネル
を通って山の向こうへ出るような動きです。掛け違えたボタ
ンを外してはめ直すようなことができる時間なのです。

ボイドタイム―月のボイド・オブ・コース

　ボイドタイムとは、正式には「月のボイド・オブ・コース」
となります。実は、月以外の星にもボイドはあるのですが、月
のボイドタイムは3日に一度という頻度で巡ってくるので、
最も親しみやすい（？）時間と言えます。ボイドタイムの定
義は「その星が今いる星座を出るまで、他の星とアスペクト
（特別な角度）を結ばない時間帯」です。詳しくは占星術の教
科書などをあたってみて下さい。

　月のボイドタイムには、一般に、以下のようなことが言わ
れています。

◆ 予定していたことが起こらない／想定外のことが起こる

◆ ボイドタイムに着手したことは無効になる

◆ 期待通りの結果にならない

◆ ここでの心配事はあまり意味がない

◆ 取り越し苦労をしやすい

◆ 衝動買いをしやすい

◆ この時間に占いをしても、無効になる。意味がない

　ボイドをとても嫌う人も少なくないのですが、これらをよ
く見ると、「悪いことが起こる」時間ではなく、「あまりいろ
いろ気にしなくてもいい時間」と思えないでしょうか。

とはいえ、たとえば大事な手術や面接、会議などがこの時間帯に重なっていると「予定を変更したほうがいいかな？」という気持ちになる人もいると思います。

　この件では、占い手によっても様々に意見が分かれます。その人の人生観や世界観によって、解釈が変わり得る要素だと思います。

　以下は私の意見なのですが、大事な予定があって、そこにボイドや逆行が重なっていても、私自身はまったく気にしません。

　では、ボイドタイムは何の役に立つのでしょうか。一番役に立つのは「ボイドの終わる時間」です。ボイド終了時間は、星が星座から星座へ、ハウスからハウスへ移動する瞬間です。つまり、ここから新しい時間が始まるのです。

　たとえば、何かうまくいかないことがあったなら、「365日のカレンダー」を見て、ボイドタイムを確認します。もしボイドだったら、ボイド終了後に、物事が好転するかもしれません。待っているものが来るかもしれません。辛い待ち時間や気持ちの落ち込んだ時間は、決して「永遠」ではないのです。

月齢について

　本書では月の位置している星座から、自分にとっての「ハウス」を読み取り、毎日の「月のテーマ」を紹介しています。ですが月にはもう一つの「時計」としての機能があります。それは、「満ち欠け」です。

　月は1ヵ月弱のサイクルで満ち欠けを繰り返します。夕方に月がふと目に入るのは、新月から満月へと月が膨らんでいく時間です。満月から新月へと月が欠けていく時間は、月が夜遅くから明け方でないと姿を現さなくなります。

　夕方に月が見える・膨らんでいく時間は「明るい月の時間」で、物事も発展的に成長・拡大していくと考えられています。一方、月がなかなか出てこない・欠けていく時間は「暗い月の時間」で、物事が縮小・凝縮していく時間となります。

　これらのことはもちろん、科学的な裏付けがあるわけではなく、あくまで「古くからの言い伝え」に近いものです。

　新月と満月のサイクルは「時間の死と再生のサイクル」です。このサイクルは、植物が繁茂しては枯れ、種によって子孫を残す、というイメージに重なります。「死」は本当の「死」ではなく、種や球根が一見眠っているように見える、その状態を意味します。

　そんな月の時間のイメージを、図にしてみました。

【新月】
種蒔き

芽が出る、新しいことを始める、目標を決める、新品を下ろす、髪を切る、悪癖をやめる、コスメなど、古いものを新しいものに替える

【上弦】
成長

勢い良く成長していく、物事を付け加える、増やす、広げる、決定していく、少し一本調子になりがち

【満月】
開花、
結実

達成、到達、充実、種の拡散、実を収穫する、人間関係の拡大、ロングスパンでの計画、このタイミングにゴールや〆切りを設定しておく

【下弦】
貯蔵、
配分

加工、貯蔵、未来を見越した作業、不要品の処分、故障したものの修理、古物の再利用を考える、蒔くべき種の選別、ダイエット開始、新月の直前、材木を切り出す

【新月】
次の
種蒔き

新しい始まり、仕切り直し、軌道修正、過去とは違った選択、変更

月のフェーズ

以下、月のフェーズを六つに分けて説明してみます。

● 新月　New moon

「スタート」です。時間がリセットされ、新しい時間が始まる！というイメージのタイミングです。この日を境に悩みや迷いから抜け出せる人も多いようです。とはいえ新月の当日は、気持ちが少し不安定になる、という人もいるようです。細い針のような月が姿を現す頃には、フレッシュで爽やかな気持ちになれるはずです。日食は「特別な新月」で、1年に二度ほど起こります。ロングスパンでの「始まり」のときです。

◑ 三日月〜 ◑ 上弦の月　Waxing crescent - First quarter moon

ほっそりした月が半月に向かうに従って、春の草花が生き生きと繁茂するように、物事が勢い良く成長・拡大していきます。大きく育てたいものをどんどん仕込んでいけるときです。

◑ 十三夜月〜小望月　Waxing gibbous moon

少量の水より、大量の水を運ぶときのほうが慎重さを必要とします。それにも似て、この時期は物事が「完成形」に近づき、細かい目配りや粘り強さ、慎重さが必要になるようです。一歩一歩確かめながら、満月というゴールに向かいます。

○ 満月　Full moon

新月からおよそ2週間、物事がピークに達するタイミングです。文字通り「満ちる」ときで、「満を持して」実行に移せることもあるでしょう。大事なイベントが満月の日に計画されている、ということもよくあります。意識してそうしたのでなくとも、関係者の予定を繰り合わせたところ、自然と満月前後に物事のゴールが置かれることがあるのです。

月食は「特別な満月」で、半年から1年といったロングスパンでの「到達点」です。長期的なプロセスにおける「折り返し地点」のような出来事が起こりやすいときです。

◑ 十六夜（いざよい）の月〜寝待月（ねまちづき）　Waning gibbous moon

樹木の苗や球根を植えたい時期です。時間をかけて育てていくようなテーマが、ここでスタートさせやすいのです。また、細くなっていく月に擬（なぞら）えて、ダイエットを始めるのにも良い、とも言われます。植物が種をできるだけ広くまき散らそうとするように、人間関係が広がるのもこの時期です。

◐ 下弦の月〜 ● 二十六夜月　Last quarter - Waning crescent moon

秋から冬に球根が力を蓄えるように、ここでは「成熟」がテーマとなります。物事を手の中にしっかり掌握し、力をためつつ「次」を見据えてゆっくり動くときです。いたずらに物珍しいことに踊らされない、どっしりした姿勢が似合います。

◆ 太陽星座早見表　蟹座

（1930〜2025年／日本時間）

太陽が蟹座に滞在する時間帯を下記の表にまとめました。
これより前は双子座、これより後は獅子座ということになります。

生まれた年	期　間			生まれた年	期　間	
1930	6/22　12:53 ～	7/23　23:41		1954	6/22　7:54 ～	7/23　18:44
1931	6/22　18:28 ～	7/24　5:20		1955	6/22　13:31 ～	7/24　0:24
1932	6/22　0:23 ～	7/23　11:17		1956	6/21　19:24 ～	7/23　6:19
1933	6/22　6:12 ～	7/23　17:04		1957	6/22　1:21 ～	7/23　12:14
1934	6/22　11:48 ～	7/23　22:41		1958	6/22　6:57 ～	7/23　17:49
1935	6/22　17:38 ～	7/24　4:32		1959	6/22　12:50 ～	7/23　23:44
1936	6/21　23:22 ～	7/23　10:17		1960	6/21　18:42 ～	7/23　5:36
1937	6/22　5:12 ～	7/23　16:06		1961	6/22　0:30 ～	7/23　11:23
1938	6/22　11:04 ～	7/23　21:56		1962	6/22　6:24 ～	7/23　17:17
1939	6/22　16:39 ～	7/24　3:36		1963	6/22　12:04 ～	7/23　22:58
1940	6/21　22:36 ～	7/23　9:33		1964	6/21　17:57 ～	7/23　4:52
1941	6/22　4:33 ～	7/23　15:25		1965	6/21　23:56 ～	7/23　10:47
1942	6/22　10:16 ～	7/23　21:06		1966	6/22　5:33 ～	7/23　16:22
1943	6/22　16:12 ～	7/24　3:04		1967	6/22　11:23 ～	7/23　22:15
1944	6/21　22:02 ～	7/23　8:55		1968	6/21　17:13 ～	7/23　4:06
1945	6/22　3:52 ～	7/23　14:44		1969	6/21　22:55 ～	7/23　9:47
1946	6/22　9:44 ～	7/23　20:36		1970	6/22　4:43 ～	7/23　15:36
1947	6/22　15:19 ～	7/24　2:13		1971	6/22　10:20 ～	7/23　21:14
1948	6/21　21:11 ～	7/23　8:07		1972	6/21　16:06 ～	7/23　3:02
1949	6/22　3:03 ～	7/23　13:56		1973	6/22　22:01 ～	7/23　8:55
1950	6/22　8:36 ～	7/23　19:29		1974	6/22　3:38 ～	7/23　14:29
1951	6/22　14:25 ～	7/24　1:20		1975	6/22　9:26 ～	7/23　20:21
1952	6/21　20:13 ～	7/23　7:07		1976	6/21　15:24 ～	7/23　2:17
1953	6/22　2:00 ～	7/23　12:51		1977	6/21　21:14 ～	7/23　8:03

生まれた年	期間			
1978	6/22	3:10	~ 7/23	13:59
1979	6/22	8:56	~ 7/23	19:48
1980	6/21	14:47	~ 7/23	1:41
1981	6/21	20:45	~ 7/23	7:39
1982	6/22	2:23	~ 7/23	13:14
1983	6/22	8:09	~ 7/23	19:03
1984	6/21	14:02	~ 7/23	0:57
1985	6/21	19:44	~ 7/23	6:35
1986	6/22	1:30	~ 7/23	12:23
1987	6/22	7:11	~ 7/23	18:05
1988	6/21	12:57	~ 7/22	23:50
1989	6/21	18:53	~ 7/23	5:45
1990	6/22	0:33	~ 7/23	11:21
1991	6/22	6:19	~ 7/23	17:10
1992	6/21	12:14	~ 7/22	23:08
1993	6/21	18:00	~ 7/23	4:50
1994	6/21	23:48	~ 7/23	10:40
1995	6/22	5:34	~ 7/23	16:29
1996	6/21	11:24	~ 7/22	22:18
1997	6/21	17:20	~ 7/23	4:14
1998	6/21	23:03	~ 7/23	9:54
1999	6/22	4:49	~ 7/23	15:43
2000	6/21	10:48	~ 7/22	21:42
2001	6/21	16:39	~ 7/23	3:26

生まれた年	期間			
2002	6/21	22:25	~ 7/23	9:15
2003	6/22	4:12	~ 7/23	15:04
2004	6/21	9:58	~ 7/22	20:50
2005	6/21	15:47	~ 7/23	2:41
2006	6/21	21:27	~ 7/23	8:18
2007	6/22	3:08	~ 7/23	14:00
2008	6/21	9:00	~ 7/22	19:55
2009	6/21	14:47	~ 7/23	1:36
2010	6/21	20:30	~ 7/23	7:21
2011	6/22	2:18	~ 7/23	13:12
2012	6/21	8:10	~ 7/22	19:01
2013	6/21	14:05	~ 7/23	0:56
2014	6/21	19:52	~ 7/23	6:41
2015	6/22	1:39	~ 7/23	12:31
2016	6/21	7:35	~ 7/22	18:30
2017	6/21	13:25	~ 7/23	0:15
2018	6/21	19:08	~ 7/23	6:00
2019	6/22	0:55	~ 7/23	11:51
2020	6/21	6:45	~ 7/22	17:37
2021	6/21	12:33	~ 7/22	23:27
2022	6/21	18:14	~ 7/23	5:06
2023	6/21	23:58	~ 7/23	10:50
2024	6/21	5:51	~ 7/22	16:44
2025	6/21	11:42	~ 7/22	22:29

おわりに

　これを書いているのは2022年8月なのですが、日本では新型コロナウイルスが「第7波」がピークを迎え、身近にもたくさんの人が感染するのを目の当たりにしています。2020年頃から世界を覆い始めた「コロナ禍」はなかなか収束の出口が見えないまま、多くの人を飲み込み続けています。今や世の中は「コロナ」に慣れ、意識の外側に置こうとしつつあるかのようにも見えます。

　2020年は土星と木星が同時に水瓶座入りした年で、星占い的には「グレート・コンジャンクション」「ミューテーション」など、時代の節目の時間として大いに話題になりました。2023年はその土星が水瓶座を「出て行く」年です。水瓶座は「風の星座」であり、ごく広い意味では「風邪」のような病気であった（症状は命に関わる酷いもので、単なる風邪などとはとても言えませんが！）COVID-19が、ここで土星と一緒に「退場」してくれれば！と、心から願っています。

　年次版の文庫サイズ『星栞』は、本書でシリーズ4作目となりました。表紙イラストのモチーフ「スイーツ」は、

2023年5月に木星が牡牛座に入ること、金星が獅子座に長期滞在することから、選んでみました。牡牛座は「おいしいもの」と関係が深い星座で、獅子座は華やかさ、表現力の世界です。美味しくて華やかなのは「お菓子！」だと思ったのです。また、「コロナ禍」が続く中で多くの人が心身に重大な疲労を蓄積し、自分で思うよりもずっと大きな苦悩を抱えていることも意識にありました。「甘いモノが欲しくなる時は、疲れている時だ」と言われます。かつて私も、猛烈なストレスを耐えて生きていた頃、毎日スーパーでちいさなフロランタンを買い、仕事帰りに齧（かじ）っていました。何の理性的根拠もない「占い」ですが、時に人の心に希望をもたらす「溺れる者の藁（わら）」となることもあります。2023年、本書が読者の方の心に、小さな甘いキャンディのように響くことがあれば、と祈っています。

星栞（ほしおり） 2023年の星占い
蟹座

2022年9月30日　第1刷発行

著者　石井（いしい）ゆかり

発行人　石原正康
発行元　株式会社 幻冬舎コミックス
　　　　〒151-0051 東京都渋谷区千駄ヶ谷4-9-7
　　　　電話 03-5411-6431（編集）
発売元　株式会社 幻冬舎
　　　　〒151-0051 東京都渋谷区千駄ヶ谷4-9-7
　　　　電話 03-5411-6222（営業）
　　　　振替 00120-8-767643

印刷・製本所：株式会社 光邦
デザイン：竹田麻衣子（Lim）
DTP：株式会社 森の印刷屋、安居大輔（Dデザイン）
STAFF：齋藤至代（幻冬舎コミックス）、
　　　　佐藤映湖・滝澤 航（オーキャン）、三森定史
装画：砂糖ゆき